QUE SAIS-JE ?

Les enfants intellectuellement précoces

GABRIEL WAHL

5e mille

puf

DU MÊME AUTEUR

Les Adultes hyperactifs, Paris, Odile Jacob, 2015.
Mon frère a une tornade dans la tête, en collaboration avec Christine Deroin, Oskar Éditions, « Pas de panique », 2015.
Les Enfants hyperactifs, Paris, Puf, « Que sais-je ? », 2012.
L'Hyperactivité, Paris, Puf, « Que sais-je ? », 2009.
Comprendre et prévenir les échecs scolaires, en collaboration avec Claude Madelin-Mitjavile, Paris, Odile Jacob, 2007.

À lire également en
« Que sais-je ? »

Jacques André (dir.), *Les 100 mots de l'enfant*, n° 3938.
Pierre Ferrari, *L'autisme infantile*, n° 3508.
Olivier Houdé, *Psychologie de l'enfant*, n° 369.

ISBN 978-2-13-063350-1
ISSN 0768-0066

Dépôt légal – 1re édition : 2015, mars
2e tirage : 2015, décembre

À Magali.

REMERCIEMENTS

Jean-Charles Terrassier, psychologue clinicien, ses travaux pionniers sur la précocité intellectuelle lui valent d'être l'un des auteurs français de psychologie les plus cités dans le monde, Claude Madelin-Mitjavile, psychiatre, fondatrice de la revue *ANAE*, Claudie Bert, journaliste spécialisée en sciences humaines, Éric Turon-Lagot, psychologue, Marie-Claude Dan-Popelier, psychologue-psychothérapeute, Sophie Frydman, Jean-Philippe Jeanneau-Reminiac, Pierre-Philippe Laget, Cyrielle Wahl et François-David Wahl.

INTRODUCTION

> « Il était de ces artistes surdoués et comblés, qui conçoivent comme ils respirent. »
>
> Léon Daudet, 1932

L'intelligence semble inaccessible à elle-même. Qu'elle nous offre une boutade – « L'intelligence, c'est ce que mesure mon test » (Alfred Binet) –, un pensum – « L'intelligence est la capacité globale et complexe de l'individu d'agir dans un but déterminé, de penser de manière rationnelle et d'avoir des rapports utiles avec son milieu » (David Wechsler) – ou une lueur – « l'hésitation est le propre de l'intelligence[1] » (Henry de Montherlant), l'intelligence peine à se définir. Mais si on ne parvient à définir ce qu'elle *est*, on peut décrire ce qu'elle *fait*, on peut nommer ce qu'elle réalise. Le problème, c'est que l'intelligence se réalise indéfiniment : elle discerne, devise, divise, plagie, affabule, spécule, mémorise, symbolise, argue, ajuste, énonce, soustrait, rêve, voyage, augure, dévoile, réprouve, soupçonne, abhorre mais aussi désire, contemple, admire, adore… (extraits).

Depuis que Théodore Simon (1873-1961) et Alfred Binet (1857-1911) ont proposé en 1905 et pour

1. H. de Montherlant, *Les Démons du bien*, Gallimard, 1937.

la première fois, une mesure de l'intelligence, n'ont cessé de se poursuivre de patientes recherches pour tenter de décrire, appréhender et sérier l'intelligence dans son infinie complexité : rationalité, créativité, affectivité... Certes, les tests d'intelligence n'ont pas la fiabilité des appareils de mesure physique ou chimique, mais ils sont inégalables au moins sur un point : ils permettent de déceler ce qu'aucune autre approche ne saurait révéler. Ces tests peuvent rendre justice, par exemple, à des enfants confrontés à l'inhibition, en dévoilant des capacités jusqu'alors ignorées. Ils sont l'une des étapes de l'identification[1] des enfants précoces, c'est la raison pour laquelle l'histoire et la description de ces tests occupent un plein chapitre du présent ouvrage.

La précocité intellectuelle est une chance, mais elle n'est pas sans risques. Elle peut notamment provoquer des tourments affectifs et des échecs scolaires. Pour comprendre et aider les enfants précoces, il n'est d'autre préalable que de les identifier comme tels. Pour ce faire, il importe de ne plus considérer les demandes de tests comme une fantaisie inspirée par l'élitisme d'un enseignant ou par la vanité des parents. Ce petit procès fait aux parents est pure spéculation ; il procède bien sûr de ce que l'on soupçonne tout parent d'un amour trop indulgent. C'est oublier que si les parents espèrent le meilleur pour leurs petits, ils craignent aussi le pire et que de ce partage, peut naître une lucidité

1. Identification et non diagnostic, car la précocité intellectuelle n'est pas une maladie.

suffisante à assurer un jugement équitable. De nombreuses études le prouvent sans conteste. Les parents ont majoritairement une juste appréciation de l'intelligence de leurs enfants, obtenant en cela une capacité de prédiction au moins égale à celle observée par les médecins, les psychologues et les enseignants. Les parents d'enfants surdoués sont également soupçonnés de « pilonnage » scolaire. Il n'en est rien, ils s'inquiètent même parfois de l'ardeur scolaire de leurs enfants, jugeant qu'une enfance heureuse se doit d'être espiègle plus que studieuse.

L'intelligence est l'un des liens avec lequel nous partageons le mieux notre sentiment d'appartenance à l'espèce humaine[1]. Mais elle est aussi le plus sûr poison pour nous distinguer les uns les autres et nous concevons qu'un livre sur la précocité intellectuelle, le surdon ou le haut potentiel puisse susciter quelque appréhension. D'autant que l'histoire de l'intelligence humaine abonde en dévoiements élitistes ou eugénistes. Mais il ne suffit pas qu'une question soit sensible pour l'éluder et nous n'aurons pas trop des 128 pages qu'offre la collection « Que sais-je ? » pour montrer que, si les recherches sur l'intelligence humaine comportent des risques, elles gardent cependant toute légitimité éthique à se poursuivre.

1. Longtemps, on a opposé l'instinct des animaux à l'intelligence de l'homme. « La raison des bêtes est aussi inférieure à la nôtre qu'un tournebroche l'est à l'horloge de Strasbourg » (Voltaire).

Encadré 1. – **Termes synonymes**

Enfant intellectuellement précoce (ou EIP, ou IP). Cette expression, qui peut apparaître moins élitiste que « surdoué », est labellisée par l'Éducation nationale. Elle comporte cependant une légère ambiguïté : elle suggère que ces enfants ont seulement pris un peu d'avance sur leurs camarades. En réalité, l'enfant précoce deviendra grand et restera surdoué toute sa vie.

Enfant précoce. – C'est la forme courte, abrégée, pour « enfant intellectuellement précoce ».

Haut potentiel (ou HP). – Terme sans grand défaut, mais son usage se limite souvent aux seuls spécialistes.

Haut quotient intellectuel (ou HQI). – Expression un peu réductrice : elle semble limiter le surdon aux seuls résultats du QI.

Surdoué. – « Un enfant surdoué possède des aptitudes supérieures qui dépassent nettement la moyenne des capacités des enfants de son âge. » Cette définition, datant de 1959, est extraite du *Manuel de psychiatrie* de Julian de Ajuriaguerra. Mais le mot « surdoué » apparaît pour la première fois, en 1932, dans un livre de Léon Daudet, *La Recherche du beau* : « Il était de ces artistes surdoués et comblés, qui conçoivent comme ils respirent, tirant du spectacle de ce monde, de la lumière et des couleurs, une foule de constructions, de projets, de rêves, un peuple de réflexions et d'images. » Léon Daudet décrit ainsi le peintre et écrivain catalan, Santiago Rusiñol.

Chapitre premier

UNE PETITE HISTOIRE DE L'INTELLIGENCE

I. – Grèce, la loterie truquée de Platon

Au commencement était Platon :

> Pour l'ordinaire, vous engendrerez des enfants semblables à vous-mêmes ; mais comme vous êtes tous parents, il peut arriver que de l'or naisse un rejeton d'argent, de l'argent un rejeton d'or, et que les mêmes transmutations se produisent entre les autres métaux. Aussi, avant tout et surtout, le dieu ordonne-t-il aux magistrats de surveiller attentivement les enfants, de prendre bien garde au métal qui se trouve mêlé à leur âme, et si leurs propres fils ont quelque mélange d'airain ou de fer, d'être sans pitié pour eux, et de leur accorder le genre d'honneur dû à leur nature en les reléguant dans la classe des artisans et des laboureurs ; mais si de ces derniers naît un enfant dont l'âme contienne de l'or ou de l'argent, le dieu veut qu'on l'honore[1].

Cette métaphore métallurgique, empruntée à *La République*, désigne diverses formes d'intelligence, l'art de la guerre, les mathématiques, la philosophie ou encore la politique. Platon précise qu'il faut « rendre les rapports très fréquents entre les hommes et les femmes d'élite, et

1. Platon, *La République*, III, 415 *a-c*, trad. R. Baccou.

très rares, au contraire, entre les sujets inférieurs de l'un et de l'autre sexe, si l'on veut que le troupeau atteigne à la plus haute perfection ». Dans cette utopie eugéniste, pour limiter les mariages entre « sujets inférieurs », le philosophe propose un tirage truqué, un « ingénieux tirage au sort, afin que les sujets médiocres qui se trouveront écartés accusent, à chaque union, la fortune et non les magistrats ».

II. – Chine, du lignage aristocratique au Beijing Genomics Institute

Sous la dynastie Han (206 av. J.-C.-220 apr. J.-C.), la fonction publique était à l'origine assumée par lignage aristocratique, mais le pouvoir central lui substitua peu à peu un recrutement au mérite. Les hauts fonctionnaires au « talent florissant » prenaient les meilleures places. Pour accéder à l'Académie impériale, il fallait faire preuve de compétences dans de nombreux domaines, la poésie, la calligraphie, la musique, les rites et les cérémonies. Les Chinois pensaient que le talent dans le domaine des lettres, des sciences et des arts s'accompagnait nécessairement d'un sens moral élevé.

Deux mille ans plus tard, la Chine a gardé les mêmes ambitions et a créé le Beijing Genomics Institute, probablement le plus grand centre de biotechnologie du monde. Plusieurs centaines de chercheurs travaillent à découvrir les gènes de l'intelligence. Ils possèdent déjà le génome de plusieurs milliers d'hommes dont le QI est supérieur à 160. En les comparant à ceux d'une population témoin au QI lambda, ils ne doutent pas de découvrir sous peu les gènes du génie[1]. Le directeur de ce laboratoire espère ainsi lancer un test génétique pour améliorer le QI de la population générale. Ainsi pourraient s'apparier des hommes et des femmes porteurs des « gènes QI élevé » et mieux ou pire encore, avec la FIV (fécondation *in vitro*), on pourrait éviter les aléas de la loterie génétique de l'« accouplement naturel[2] ». Avec cette technique, plus rien ne serait laissé au hasard et l'on peut espérer élever le QI général de la population, premier pas vers une nouvelle ère transhumaniste[3] !

III. – France, du don de Dieu à l'école de la République

L'Europe du Moyen Âge considère l'intelligence comme un don de Dieu et, comme telle, elle doit servir la religion. L'enseignement scolastique s'adresse à un auditoire d'écoliers sans distinction d'âge, les jeunes garçons

1. « Gène » et « génie » ont la même racine grecque *gennaô* (« engendrer »). Le terme « eugénisme » a été créé en 1883 par Francis Galton, le cousin de Charles Darwin et peut se traduire par « bien naître ».

2. L'eugénisme « moderne » sans complexe n'est pas l'apanage des seuls Chinois, l'idée avait déjà germé dans l'esprit de Robert Klark Graham. Ce généticien et homme d'affaires américain a créé à Escondido en 1980, en Californie, la Banque pour le choix germinal, une banque de sperme réservée aux génies. Faute de trouver suffisamment de donneurs prix Nobel, il se contenta de recruter des QI supérieurs à 180. Mais l'expérience aura duré à peine vingt ans, deux ans après la mort de son fondateur en 1997, les héritiers ont mis fin à l'expérience. Il n'y a jamais eu d'enquête complète sur la destinée des 220 enfants nés de cette aventure. Lire David Plotz, *The Curious History of the Nobel Prize Sperm Bank*, New York, Random House, 2005.

3. Le transhumanisme est une doctrine néoeugéniste proposant une amélioration biologique de l'espèce humaine (www.transhumanistes.com).

comme les adultes. Thomas Platter[1], modeste berger puis célèbre humaniste suisse du début du XVe siècle, en témoigne : « Quand j'entrais à l'école, je ne savais rien, pas même lire le *Donat*[2] et j'avais pourtant dix-huit ans. Je pris place au milieu de petits enfants ; on eut dit d'une poule au milieu de ses poussins. » Cette période d'indifférenciation des âges présente au moins un avantage : celui de permettre d'accueillir les très jeunes enfants prodiges. L'âge étant indifférent, la précocité des dons ne surprend personne. Au cours des trois siècles suivants, les classes ont progressivement été structurées selon le niveau des élèves. Avec le XVIIIe siècle, les classes se fondent sur l'âge et l'on n'autorise plus l'admission anticipée ou le saut de classe[3]. Au XIXe siècle, la règle de l'âge se fige un peu plus ; pour – comme l'on sait – s'assouplir à grand-peine et après force débats un siècle plus tard.

Au XXe siècle, en France, les principes républicains, notamment ceux qui concernent l'égalité des chances, font longtemps obstacle à la reconnaissance même de l'existence d'enfants précoces. À l'initiative de l'ANPES[4], se tient à Nice en avril 1978, le premier congrès pour les enfants surdoués. Le succès est en demi-teinte, le terme même de surdoué prête à polémique. L'un des participants

1. E. Le Roy Ladurie, *Le Siècle des Platter*, Paris, Fayard, 1997-2006, 3 vol.

2. Grammaire élémentaire.

3. Lire P. Ariès, *L'Enfant et la vie familiale sous l'Ancien Régime*, Paris, Plon, 1960.

4. Association nationale pour les enfants surdoués. Aujourd'hui et depuis 1987 : ANPEIP, Association nationale pour les enfants intellectuellement précoces.

supplie de : « ne pas créer de nouveaux ghettos pour les enfants surdoués » ; un autre déclare que la mise en fiche de l'intelligence lui fait « froid dans le dos ». Il y a bien un professeur de pédopsychiatrie, Pierre Debray-Ritzen, pour défendre le QI comme « l'une des plus grandes découvertes en psychologie[1] » ou un psychologue, Jean-Charles Terrassier, pour s'insurger contre la « grave injustice à l'égard des enfants surdoués » infligée par une école uniformisée. Mais la presse et les politiques ne sont pas très à l'aise. Ils craignent de se fourvoyer dans une aventure élitiste. Le principe de réalité ne se concilie pas toujours avec les principes de l'égalité. Quelques représentants de pays en pointe sur l'aide aux enfants surdoués – Israël et l'Iran notamment – ajoutent un peu d'huile sur la flamme républicaine en désignant ces enfants comme l'élite de demain. Ce premier congrès n'est apparemment pas un coup de maître. Quoique… le problème a été posé, les arguments ont été échangés et la presse s'est déplacée. Il faut juste changer quelques arguments d'épaule. Aussi, les congrès suivants offrent un supplément d'âme, désormais les surdoués ne sont plus une « richesse de la nation », mais des enfants intellectuellement précoces qui souffrent et qui ont besoin d'aide. Sous cet angle compassionnel, le grand public et l'Éducation nationale tendent enfin une oreille favorable. Les pesanteurs égalitaristes s'allègent quelque peu, d'autant que l'on découvre que les surdoués grandissent aussi dans les milieux populaires…

1. L. Bernard, « Mais comment peut-on mesurer l'intelligence ? », *Le Quotidien de Paris*, 2 mai 1978.

IV. – États-Unis, de Thomas Jefferson à l'étude Terman

Dès le XIXe siècle, les États-Unis se préoccupent de la précocité intellectuelle. Sous la présidence de Thomas Jefferson (1801-1809) se créent des écoles spéciales gratuites pour regrouper les « meilleurs génies » sans distinction d'origine sociale (pour l'origine raciale, il faudra attendre...). Un siècle plus tard, en 1901 précisément, la première école pour enfants précoces est ouverte à Worcester, dans l'État du Massachusetts. En 1922, une école pour « enfants doués » est créée à New York par Leta Hollingworth (1886-1939). Nous devons à cette psychologue les premières recherches sur les enfants de très haut potentiel (QI supérieur à 180). À ce niveau de recrutement, l'échantillon étudié porte sur quelques dizaines d'enfants. Hollingworth note chez ces sujets, quelques caractéristiques (fragilité émotionnelle, solitude, sens de la justice, de la beauté et de l'humour, goût pour l'astrophysique et la métaphysique) et propose une pédagogie interdisciplinaire, stimulante, rapide, argumentée et sachant alterner phases d'autonomie et de travail en groupe[1].

En bon disciple de Francis Galton, un psychologue américain, Lewis Terman, lance en 1921 une étude de grande ampleur sur les enfants surdoués : « The Genetic Studies of Genius », aujourd'hui connue

1. Lire L. Hollingworth, *Gifted Children Their Nature and Nurture*, New York, Macmillan, 1929.

sous le nom de « Terman Study of the Gifted ». (Francis Galton a publié en 1869 *Hereditary Genius*. Il y affirmait l'hérédité de l'intelligence après avoir étudié la famille de 300 hommes éminents, dont sa propre famille : Francis Galton était le cousin de Charles Darwin.)

Lewis Terman recrute donc près de 1 500 enfants âgés de 2 à 13 ans dans des écoles de Californie, sur les critères d'une excellente réussite scolaire et d'un QI supérieur à 140 (test de Stanford-Binet, adaptation américaine du test Binet-Simon). Ces enfants ont été suivis de 1921 à 1994, soit pendant plus de soixante-dix ans ! Que faut-il retenir du profil des termites, c'est ainsi que – en référence à son patronyme – l'on nomme avec humour les recrues de Terman :

1. ils bénéficient d'un niveau socioculturel familial très supérieur à la moyenne : 30 % des pères sont cadres et 26 % ont un diplôme supérieur contre respectivement 3 % et 1 % dans la population générale de Californie ;
2. ils ont prononcé leurs premiers mots avec quelques mois d'avance sur leurs petits camarades, la moitié d'entre eux savaient lire avant leur entrée à l'école primaire ;
3. ils sont bons élèves, mais en proportion moindre que ne le laisserait supposer leur QI. En revanche, pour la culture générale, les termites sont tous très performants, et ce, à tous les âges de l'enfance ;
4. ils ne correspondent pas au cliché de l'intello malingre. Comparés à leurs petits camarades au QI

lambda, s'ils sont en effet plus souvent myopes, ils sont aussi en moyenne plus grands, plus robustes et plus sportifs ;

5. l'habileté manuelle exceptée, les termites marquent des points sur leurs camarades dans nombre de domaines, par exemple sur le goût de la connaissance et de la lecture, mais aussi pour la popularité, la sociabilité, la volonté, la confiance en soi et l'optimisme ;

6. ils n'ont pas tous réussi leur vie professionnelle à hauteur de leur talent d'écolier (*At any rate, we have seen that intellect and achievement are far from perfectly correlated*). Pour les termites, les résultats au collège sont un assez bon indice de la réussite ultérieure, à l'université comme dans la vie professionnelle ;

7. les garçons sont mieux représentés que les filles, mais leur répartition est plus dispersée, si l'on recense plus de QI élevés chez les garçons, l'on trouve aussi plus de QI faibles. Près de la moitié de ces demoiselles précoces seront mères au foyer et peu d'entre elles accompliront de grandes études, mais nous sommes dans les années 1930…

L'étude de Terman fascine par son ampleur et sa durée. Elle se poursuit toujours, mais elle n'est pas exempte de critiques, car elle concerne principalement les surdoués bons élèves. Terman a tenté d'améliorer le recrutement en ajoutant 25 % de surdoués « élèves moyens », mais insuffisamment pour atténuer le biais initial.

En guise d'épilogue de l'étude Terman, signalons la parution, en 2011, d'un livre de Howard Friedman et de Leslie Martin, *The Longevity Project: Surprising Discoveries for Health and Long Life from the Landmark Eight-Decade Study*. Ce livre analyse la vie et la mort des termites sur près de quatre-vingts ans. Les conclusions ne sont pas sans surprendre :

1. le principal facteur de risque d'une mortalité précoce est le divorce des parents ;
2. les enfants joyeux vivent moins longtemps que les enfants inquiets (probablement, analysent les auteurs, parce que les premiers additionnent les comportements à risque) ;
3. la longévité est favorisée chez les hommes par le mariage et par le divorce chez les femmes ;
4. les activités professionnelles intenses et même stressantes sont favorables à la longévité.

Encadré 2. – **Une immigration choisie à Ellis Island**

Au début du XXe siècle, les candidats européens à l'immigration aux États-Unis d'Amérique subissent un examen de passage. Les paquebots accostent à Ellis Island, une île proche de New York préférée à la terre ferme pour éviter les évasions. Sauf exception, les passagers de 1re et de 2e classes sont acceptés d'office. Seuls les passagers de troisième classe – qui voyagent sous le pont – subissent un examen médical et administratif. Sous la direction d'un psychologue, Henry Goddard, on ajoute au bilan médical un test d'intelligence pour les immigrants pauvres. Faire passer des tests à des passagers épuisés par une longue traversée, dans une langue qu'ils ne maîtrisent pas, donne les seuls résultats possibles[1] : près de 80 % des immigrés de troisième classe sont des faibles d'esprit ! Le comble est que l'on s'étonnera du fait que leurs descendants obtiennent des scores bien supérieurs à ces mêmes tests. Ces tests d'intelligence participèrent de la sélection des immigrants : près de 2 % des candidats à l'immigration furent renvoyés en Europe par le premier paquebot.

V. – Allemagne, le programme national-socialiste

Dans cette histoire du surdon où se côtoient le meilleur – peut-être – et le pire – sûrement – nous ne serions pas tout à fait complets si nous ne parlions pas du programme du Parti nazi des années 1930, qui précise que « l'Allemand capable et appliqué » devra « recevoir une éducation supérieure pour lui permettre d'accéder à des fonctions dirigeantes ». Il est exigé « l'instruction, aux frais de l'État, des enfants particulièrement doués au point de vue mental ». Il existe en fait deux parcours scolaires tous deux très sélectifs. Un parcours classique de type « école publique » et un second sous le contrôle du parti et donc entièrement voué à l'idéologie national-socialiste. Dans certaines

1. « Nous avons affaire à un groupe d'hommes et de femmes effrayés qui ne parlent pas anglais et qui viennent d'endurer les fatigues d'un long voyage en troisième classe dans l'entrepont d'un navire. La plupart sont pauvres et n'ont jamais été à l'école ; nombreux sont ceux qui n'ont jamais tenu un crayon ou un stylo en main. On prend l'un d'eux à part, le fait asseoir, lui tend un crayon et lui demande de reproduire sur le papier une figure qu'on lui a montrée quelques secondes et qu'on vient de soustraire à sa vue in Stephen Jay Gould, *La Mal-Mesure de l'homme*, Paris, Odile Jacob, 1997.

écoles, notamment dans les Adolf-Hitler-Schulen, les élèves sont recrutés par les jeunesses hitlériennes. Les meilleurs élèves des « Hitler-Schulen » sont admis dans des écoles supérieures, les *Ordensburgen* après avoir prouvé leurs origines aryennes jusqu'en 1750. De l'école primaire, où commence le recrutement de l'élite, à la haute école du parti destinée aux cadres dirigeants, « l'expérience national-socialiste frappe par son caractère systématique et par son ampleur. L'efficacité mortelle de cette politique n'est pas douteuse. Jamais pareil effort, à l'échelle nationale, n'a été déployé en faveur des doués[1] ».

VI. – Génie et folie

Depuis l'Antiquité, un lieu commun, qui veut que le génie et la folie ne fassent qu'un, obscurcit la compréhension de la précocité. Commençons par la célèbre phrase d'Aristote : « pourquoi tous les hommes exceptionnels du passé, en philosophie, en politique, en poésie ou dans les arts, étaient-ils manifestement mélancoliques ? » Poursuivons par Schopenhauer, qui soutient que le génie est « un excès anormal d'intelligence » et par Moreau de Tours, qui écrit, en 1859, un livre au titre prometteur : *De l'influence des névropathies sur le dynamisme intellectuel*. Pour le trop célèbre médecin italien Cesare Lombroso – le théoricien du criminel né – le génie est tout simplement

1. R. De Craecker, « La politique des doués du national-socialisme », *Les Enfants intellectuellement doués*, Paris, Puf, 1951.

un équivalent épileptique. Pour Lange-Eichbaum, un psychiatre allemand qui publie en 1928 « Génie – Démence et Gloire », près de 20 % des personnages célèbres souffrent de maladies mentales. Au début du XXe, la mode est aux écrits médico-littéraires, aux biographies cliniques et autres pathographies. Sourions de cette psychiatrie ubiquitaire avec Lucien Karhausen[1], qui n'a pas recensé moins de 27 causes psychiatriques à la mort de Mozart, bien que selon toute vraisemblance et malgré son génie, il ne soit mort qu'une fois.

1. L. Karhausen, « Mozart's 140 Causes of Death and 27 Mental Disorders », *British Medical Journal*, 2010, n° 341.

Chapitre II

LES THÉORIES DE L'INTELLIGENCE

Comment se développe et s'organise l'intelligence chez l'enfant, c'est ce que nous allons, en pages serrées, décrire dans ce chapitre. Sur ce sujet, le lecteur sera confronté à la multitude et à la fragilité des théories, il pourra toujours se consoler avec Kant qui mesurait « l'intelligence d'un individu à la quantité d'incertitudes qu'il est capable de supporter ».

I. – Les stades de l'intelligence, Jean Piaget et les néopiagétiens

Avec une minutie d'horloger, Jean Piaget divise le développement de l'intelligence[1] chez l'enfant en périodes, elles-mêmes subdivisées en stades. C'est une lente évolution qui va du concret, voir et toucher, vers l'abstrait, lire, écrire et compter. Les périodes sont au nombre de quatre :

- l'intelligence sensori-motrice, de la naissance à 2 ans ;
- l'intelligence préopératoire, de 2 à 6 ans, l'enfant accède au symbole et notamment au langage ;
- l'intelligence opératoire, de 6 à 10 ans, il maîtrise la logique concrète ;

1. J. Piaget, *La Psychologie de l'intelligence*, Paris, Armand Colin, 2012.

– enfin la période des opérations formelles, de 10 à 16 ans, il développe la logique hypothético-déductive.

Cette conception d'un développement de l'intelligence par paliers a dominé toute la seconde partie du XXe siècle. Si Piaget reste toujours la référence, les néopiagétiens et autres cognitivistes ont bousculé la chronologie de ce bel ordonnancement. Au modèle de l'escalier qui décrit une évolution en stades distincts se substitue, à la faveur de nouvelles découvertes, l'idée d'une progression continue intégrant des stratégies cognitives superposées. Prenons un exemple. Selon Piaget, l'enfant acquiert vers l'âge de 18 mois (sixième stade, dit stade des combinaisons de la première période nommée sensori-motrice) *la permanence de l'objet*, ce qui signifie qu'il peut se représenter un objet même si celui-ci n'est plus visible.

Une nouvelle méthode d'exploration du comportement des bébés a permis de montrer que cette acquisition s'observe beaucoup plus tôt. Cette méthode repose sur le fait que les enfants regardent plus longuement un objet nouveau ou une situation inhabituelle. Ainsi, si l'on présente à un enfant un jouet nouveau, il le regardera plus longtemps que tout autre jouet auquel il est habitué. De même, si l'on cache un objet puis on le dévoile, le bébé dès l'âge de 3 mois, regardera plus longtemps l'emplacement de l'objet si celui-ci a disparu, manifestant ainsi sa surprise. De cette célèbre expérience, réalisée dans les années 1990 par Renée Baillargeon au laboratoire de cognition infantile de l'université de l'Illinois, il sera déduit que la permanence de l'objet est acquise à l'âge de trois mois et qu'il est donc possible, dès cet âge, de jouer à cache-cache avec son bébé. Proche de cette notion, précisons que la méthode du regard préférentiel permet aussi un contrôle visuel dès l'âge de 3 mois. Si deux carrés gris sont présentés à un bébé, l'un uniformément gris et l'autre rayé d'une couleur vive, l'enfant portera toujours son regard sur le carré coloré, sauf s'il présente un déficit visuel.

Autre exemple, pour Piaget, il faut attendre l'âge de 6 ans pour que l'enfant accède au concept de nombre. En fait, si l'on demande à un enfant de 2 ans de choisir entre deux chaînes de bonbons, l'une plus longue mais contenant moins de bonbons qu'une autre plus courte mais contenant plus de bonbons, l'enfant, dès l'âge de 2 ans, choisira le plus souvent la plus courte, optant ainsi pour la justesse du calcul plutôt que pour l'illusion visuelle. Une autre étude, menée par Karen Wynn du département de psychologie de l'université Yale, suggère même que les bébés, dès l'âge de 5 mois, discernent la notion de nombre et d'addition. Le bébé marque en effet son étonnement par la persistance de son regard, si – par le biais d'un trucage – on place deux marionnettes dans une boîte et, à l'ouverture de cette boîte, n'apparaît plus qu'une seule marionnette. Beaucoup plus tard, l'enfant, soumis à des opérations mathématiques plus complexes, met en œuvre des stratégies diverses, par exemple il compte avec les doigts, dans sa tête, additionne ou soustrait alternativement ou en bloc, choisit une méthode laborieuse ou inventive, etc. Et donc chevauche et bouscule les étapes piagétiennes sans se soucier de leur chronologie. Ce sont principalement ces deux ordres de fait – anticipation et « bousculade » – qui viennent aujourd'hui mettre en moindre déférence, l'attention portée aux théories de Piaget sur le développement cognitif des enfants.

II. – L'intelligence est une et indivisible, Charles Spearman et le facteur g[1]

S'interroger sur les étapes du développement de l'intelligence chez l'enfant est certes légitime dans un ouvrage consacré aux enfants précoces et donc aux enfants qui brûlent les étapes. Mais il est une question autrement plus controversée, elle concerne la structure de l'intelligence. Charles Spearman, psychologue britannique, publie en 1904 un article qui fera date : « L'intelligence générale objectivement déterminée et mesurée. » Pour ses recherches, il a mobilisé les élèves de plusieurs écoles. Il constate que les notes scolaires sont corrélées aux résultats de tests d'intelligence, telles la compréhension lexicale ou la maîtrise du calcul, mais également aux performances psychosensorielles, par exemple les seuils d'acuité visuelle (pouvoir séparateur de l'œil propre à distinguer les détails). Il soumet les élèves à des épreuves de natures très différentes et relève que ceux qui obtiennent une bonne note à une épreuve ont plus de chances de réussir à toutes les autres. Ainsi, celui qui distingue mieux deux couleurs obtient aussi de meilleurs scores aux tests de mémoire ou de raisonnement.

Spearman convient qu'il existe de notables exceptions, mais statistiquement cette règle des corrélations se confirme. Il en déduit qu'un même facteur général, qu'il nomme le facteur **g**, détermine un même niveau de performance pour l'ensemble des capacités intellectuelles. Cette conception unifactorielle de l'intelligence

1. C. Spearman, « The Nature of "Intelligence" and the Principles of Cognition », *The American Journal of Psychology*, 1923.

souffre cependant d'une certaine approximation, Spearman concède qu'il existe un facteur spécifique à chaque épreuve et que si le facteur **g** permet de prévoir un certain niveau, il reste moins précis qu'une épreuve ciblée. Ainsi, s'il est vrai que les terminales scientifiques sont sélectionnées en principe sur leurs performances mathématiques et ont également de bons résultats dans les matières littéraires, il n'en demeure pas moins que les terminales littéraires peuvent accueillir des élèves particulièrement talentueux. Précisons aussi que la fiabilité de la prédiction du facteur **g** dépend de son niveau, les scores moyens sont statistiquement plus éparpillés que les scores bas ou élevés.

III. – Les intelligences multiples, Louis Thurstone, John Caroll, Howard Gardner, Robert Sternberg...

Le facteur **g** a une réalité mathématique prédictive incontestable ; pour autant, il pourrait correspondre à un artefact : l'apparente homogénéité de l'intelligence tenant surtout à l'imprécision des tests qui mesurent différemment des performances identiques, par exemple la maîtrise de la langue écrite ou la capacité de réactivité. De nombreux auteurs ont tenté soit de se passer du facteur **g**, soit de l'intégrer à de nouvelles théories.

Ainsi, Louis Thurstone[1], considéré comme l'un des pionniers de la psychométrie, propose dans les années 1930 de substituer à un facteur **g** unique la multitude de ce qu'il

1. L. Thurstone, *Vectors of the Mind : Multiple-Factor Analysis for the Isolation of Primary Traits*, Chicago, The University of Chicago Press, 1935.

nomme les aptitudes primaires. Pour les caractériser, il a fait passer près de 56 tests différents à plusieurs centaines d'étudiants, puis à plusieurs milliers de collégiens. Il a ainsi distingué sept aptitudes, dont trois contenus (verbal, numérique et spatial), trois fonctions (mémoire, induction et déduction) et une septième, la fluidité verbale. Thurstone considérait ces aptitudes primaires comme indépendantes et définissait l'intelligence comme un ensemble hétérogène. À ce moment de l'histoire des idées sur l'intelligence humaine, la controverse est à son apogée. Suivent des centaines d'études qui échafaudent mille hypothèses, mais sans jamais bâtir une seule théorie sur laquelle tous s'accordent. Retenons seulement ce qui émerge.

En 1993, John Caroll tente une synthèse de 460 études et propose un modèle en trois strates[1]. Au premier plan, un facteur **g** réhabilité, puis des facteurs larges (le raisonnement, le langage, la mémoire, la vitesse...) qui englobent au bas mot une quarantaine d'aptitudes primaires. C'est le modèle Cattell-Horn-Carroll ou CHC sur lequel reposent les échelles de Wechsler (WAIS, WISC et WPPSI, lire chapitre IV).

Howard Gardner propose une théorie multifactorielle[2] aussi simple que son argumentaire. Prenant acte de ce qu'il existe des talents intellectuels isolés, par exemple chez les autistes géniaux, ou que des lésions cérébrales peuvent n'affecter qu'une seule fonction, Gardner identifie sept, puis neuf formes d'intelligence : linguistique,

1. J. Caroll, *Human Cognitives Abilities*, Cambridge, Cambridge University Press, 1993.
2. H. Gardner, *Les Intelligences multiples*, Paris, Retz, 1996.

logico-mathématique, spatiale, kinesthésique, musicale, interpersonnelle et intrapersonnelle, puis naturaliste et existentielle. Mais cette conception pluraliste de l'intelligence séduit plus le grand public – notamment parce que chacun peut se reconnaître au moins un domaine d'excellence – qu'elle ne convainc les spécialistes, qui ne perçoivent qu'une œuvre d'imagination.

Tout aussi séduisante, l'intelligence émotionnelle s'ajoute à cette longue liste ; elle nous a offert le fameux QE (concurrent médiatique du QI) qui mesure la maîtrise de nos émotions et la perception de celle des autres.

Robert Sternberg, un psychologue américain, élabore une théorie[1] beaucoup plus complexe et préfère retenir trois formes d'intelligence : analytique, pratique et créative. L'intelligence analytique permet de comprendre et de résoudre les problèmes abstraits, l'intelligence pratique permet de s'adapter aux problèmes quotidiens, et l'intelligence créative développe l'intuition et l'imagination pour répondre aux situations nouvelles. Sternberg reproche aux tests d'intelligence les plus usuels de ne mesurer que l'intelligence analytique abstraite.

Dans les années 1990, Sternberg a proposé un nouveau test englobant les trois formes d'intelligence, c'est le STAT (Sternberg Triarchic Abilities Test). Le paradoxe est que l'analyse des résultats du STAT montre que les trois formes d'intelligence ne sont pas indépendantes, que leurs résultats sont plutôt concordants et donc que l'on retombe sur le facteur **g**…

1. R. Sternberg, *Beyond IQ : a Triarchic Theory of Human Intelligence*, New York, Cambridge University Press, 1985.

Chapitre III

LES DÉTERMINANTS DE L'INTELLIGENCE

L'étude des déterminants de l'intelligence humaine se propose pour l'essentiel de distinguer les parts d'influences respectives du déterminisme biologique et de l'environnement social dans le développement de l'intelligence. Pour ce chapitre, nous retrouvons nos deux compères, l'inné et l'acquis, toujours unis pour jeter un peu d'huile sur le feu du politiquement correct. Ce débat, qui parcourt tout le XXe siècle, n'est pas près de s'éteindre, pour au moins trois raisons :

1. ce thème est encombré d'idéologie et de politique. Il éclaire ou embrouille des questionnements sur les inégalités sociales, le mérite républicain, les chances de la naissance, l'importance de l'éducation… ;
2. les études sur le sujet font appel à des notions statistiques, telles que la variance, la dispersion, l'écart-type ou l'héritabilité. Ces notions offrent certes l'apparence de l'objectivité mathématique, mais elles ne libèrent en rien d'infinies querelles méthodologiques ;
3. enfin, l'histoire des recherches sur les déterminants de l'intelligence montre qu'elle n'est exempte ni d'approximations ni même de supercheries, ce qui éloigne d'autant la possibilité d'un consensus.

I. – Deux études controversées sur l'intelligence

L'étude de Duyme réalisée en 1999[1] est un bon exemple d'une étude aussi démonstrative que controversée. Cette étude montre que le QI d'enfants de familles pauvres adoptés par des familles de classes très aisées grimpe en moyenne de près de 20 points, et donc que l'éducation détermine très significativement le niveau des performances intellectuelles. Cette étude a bénéficié d'une belle promotion dans la presse grand public, mais d'une faible audience auprès des spécialistes, car le faible échantillon des sujets étudiés et la validité des tests utilisés ont jeté quelque suspicion sur les conclusions de cette étude.

À l'opposé de cette étude sociologique, il faut citer les travaux de Cyril Burt, un psychologue anglais de renom (ses travaux lui valurent d'être anobli en 1946), il publie une série d'études en 1955, 1958 et 1966 portant sur des faux et des vrais jumeaux séparés à la naissance. Les vrais jumeaux (homozygotes) possèdent le même patrimoine génétique. En revanche, leur environnement familial est distinct. Si donc les QI sont très proches, on pourra en conclure que l'intelligence est héréditaire, et c'est bien ce que l'on observe, le coefficient de corrélation est de 0,54 pour les faux jumeaux et de 0,77 pour les vrais jumeaux. La thèse de l'héritabilité de l'intelligence est donc « démontrée » !

1. M. Duyme, A. Dumaret et S. Tomkiewicz, « How Can We Boost IQs of "Dull Children" ? A Late Adoption Study », *PNAS*, 1999.

Puisque les capacités intellectuelles sont « figées » par les gènes, Cyril Burt, également conseiller auprès du ministère de l'Éducation en Grande-Bretagne, convainc sans peine les autorités de pratiquer une sélection scolaire dès le plus jeune âge. Mais après sa mort, en 1971, plusieurs chercheurs et journalistes se penchent sur les travaux de Cyril Burt et découvrent de nombreuses falsifications. Plusieurs paires de jumeaux ainsi que les collaboratrices citées dans l'étude n'auraient jamais existé. La révélation de cette imposture prend une dimension politique, les travaillistes accusant les conservateurs de dérive raciste, car certains écrits de Cyril Burt concluaient à l'inégalité ethnique de l'intelligence. Deux livres d'enquêtes[1] publiés ultérieurement n'ont pas confirmé la thèse d'une fraude, d'autant que d'autres recherches sur le QI de vrais jumeaux ont trouvé des taux d'héritabilité proches de ceux avancés par Cyril Burt. L'affaire est loin d'être conclue...

II. – À la recherche des gènes de l'intelligence...

Il s'agit probablement d'une légende, mais elle a fait le tour du monde. Nous sommes dans les années 1920, Isidora Duncan, la célèbre danseuse, écrit à George Bernard Shaw :

1. R. Johnson, *The Burt Affair*, Londres, Routledge, 1989 et Ronald Fletcher, *Science, Ideology and the Media*, New Brunswick, Transaction Publishers, 1991.

Mon cher monsieur Shaw,

Je me permets de vous rappeler que vous avez le plus grand cerveau du monde et que j'ai le plus beau corps. Pour la postérité, il est de notre devoir d'avoir un enfant ensemble.

À cette lettre, George Bernard Shaw aurait répondu :

Ma chère miss Duncan,

Je reconnais que j'ai le plus grand cerveau du monde et que vous avez le plus beau corps, mais il se pourrait que notre enfant ait mon corps et votre cerveau. Par conséquent, je refuse respectueusement[1].

George Bernard Shaw ne voulait pas prendre de risque avec sa descendance et peut-être aurait-il approuvé les recherches qui se sont donné pour objectif de découvrir les gènes de l'intelligence. Pour identifier ces gènes, il faut établir un lien entre les variants génétiques et les variations de l'intelligence. La partie est loin d'être gagnée : il faut étudier les bons gènes, c'est-à-dire les gènes concernés, et disposer de grands échantillons de population pour obtenir des résultats significatifs. À ce jour, l'étude internationale la plus accomplie (menée par l'Union Collège, Harvard, le Conseil suédois de la recherche, etc., et parue en 2012 dans *Psychological Science*), n'a permis aucune grande démonstration d'un lien entre les gènes et l'intelligence. Sur les 12 gènes étudiés – les plus susceptibles d'être associés au développement de l'intelligence –, un seul pourrait être lié à une petite variation de l'intelligence, mais ce résultat

1. Lire, sur Internet, « But Suppose the Child Inherited My Beauty and Your Brains ? », *Quote Investigator*, 19 avril 2013 : quoteinvestigator.com/2013/04/19/brains-beauty.

est fragile puisqu'il n'est observé que sur un seul site de cette étude multicentrique.

Les auteurs de cette étude, Christopher Chabris, un psychologue de l'Union College de New York, et David Laibson, un économiste de Harvard, précisent qu'il ne faut pas déduire que « l'intelligence n'a pas de composante génétique, mais que l'intelligence est probablement associée à des milliers de gènes et leurs variantes et qu'il existe des interactions entre les gènes ou des interactions entre les gènes et l'environnement ». Ils concluent à la nécessité de recherches complémentaires, et précisément, en 2014, une étude conduite par le docteur Sylvane Desrivières (de l'Institut de psychiatrie du King's College de Londres) offre une nouvelle perspective. Cette étude porte sur près de 1 500 adolescents qui furent soumis à une analyse ADN, une IRM et à des tests d'intelligence. En analysant 54 000 variants génétiques, il a été découvert qu'une variante du gène *NPTN* (ce gène code une protéine, la neuroplastine qui a un rôle dans la transmission synaptique) était associée à la fois à un cortex moins épais dans l'hémisphère gauche et à de moindres résultats aux tests d'intelligence. Si elle était confirmée, cette découverte établirait un lien entre d'une part un gène et une structure cérébrale et d'autre part un lien entre une structure cérébrale et une capacité intellectuelle. Selon les auteurs, cette variation génétique détermine la « plasticité synaptique et donc la communication neuronale ». Les auteurs ont cependant souligné que ce gène participe pour une petite part au développement de l'intelligence, qu'il ne s'agit donc pas du gène de l'intelligence et que l'hypothèse polygénétique reste toujours hautement probable.

III. – … et des gènes du surdon

Plus près de notre sujet, il faut parler de la recherche en cours au laboratoire de génomique cognitive à Shenzhen, près de Hong Kong, qui dépend du BGI (Beijing Genomics Institute). Cette étude[1] ambitionne d'analyser l'ADN des génies et autres surdoués. Plusieurs chercheurs se sont associés à cette étude, et notamment le professeur Robert Plomin (spécialiste de génétique du comportement, King's College de Londres), qui a offert les échantillons d'ADN de 1 600 sujets surdoués en mathématiques[2] qui s'ajoutent aux nombreuses recrues locales. Le génome de milliers de surdoués sera comparé au génome de milliers de sujets témoins. On peut espérer alors connaître les variants génétiques associés au surdon, mais aussi aux difficultés cognitives. Robert Plomin précise *(Wall Street Journal)* qu'il « sera ainsi possible par des tests génétiques d'identifier les enfants à risque de difficultés d'apprentissage et donc de leur proposer très tôt des programmes adaptés ». Il va sans dire que ce projet de « génie génétique » suscite aussi quelque crainte de

1. Cette étude se fonde sur la GWAS (Genome-Wide Association Study), elle compare des dizaines de milliers de variants génétiques entre un groupe cible et un groupe témoin.

2. Les 1 600 adolescents américains surdoués en mathématiques qui ont participé de la célèbre SMPY (Study of Mathematically Precocious Youth).

dérives eugénistes, notamment auprès de ceux pour lesquels toute étude sur la génétique de l'intelligence ressemble, comme le formule avec ironie Robert Plomin, à « un drapeau rouge face à un taureau ». Mais il reste vrai que la taille de l'échantillon étudié apparaît de peu d'ampleur pour une recherche portant sur un sujet d'étude qui pourrait concerner des milliers de gènes. Cependant, il est des voix pour dire que si la déficience intellectuelle peut être liée à la mutation d'un seul gène, il pourrait en aller de même pour le surdon.

IV. – De l'inné et de l'acquis dans le développement de l'intelligence

L'héritabilité est un concept mathématique qui ne concerne que les populations. Il n'existe à ce jour aucune méthode qui pourrait déterminer la part de l'inné et de l'acquis chez un individu en particulier. De nombreux protocoles, en principe précautionneux, tentent de démêler les parts et les influences croisées des gènes et de l'environnement. Comparer la concordance du QI entre jumeaux monozygotes (qui partagent le même patrimoine génétique) et jumeaux dizygotes (dont les patrimoines génétiques sont aussi distincts qu'entre frères et sœurs) reste toujours le grand classique, mais l'imagination des généticiens est sans limites, et ils étudient aussi le QI de jumeaux élevés séparément dans deux familles différentes, ou encore de vrais jumeaux élevés à tort pour des faux, de faux jumeaux élevés à tort pour des vrais, ou d'enfants adoptés, dont le QI est comparé d'une part avec celui des parents biologiques et d'autre part avec celui des parents adoptifs... Toutes ces études n'ont qu'une seule ambition : distinguer la part de l'intelligence qui relève des gènes de celle déterminée par l'éducation. Une revue de la littérature de génétique humaine montre que l'intelligence et plus précisément l'héritabilité de l'intelligence est l'un des sujets d'étude les plus explorés. Il est classiquement admis que l'héritabilité de l'intelligence chez l'homme s'élève à 70 %, ce qui signifie que l'environnement intervient pour 30 %. Mais l'environnement doit être compris au sens large, il concerne autant la vie affective ou le cadre socioculturel que, par exemple, le développement intra-utérin ou les conditions nutritionnelles. Il faut enfin préciser que l'environnement dépend aussi de la génétique, un individu intelligent choisissant peut-être pour lui et pour sa descendance un environnement plus favorable...

Que faut-il retenir – provisoirement – de toutes ces études ?

1. L'héritabilité du QI évolue avec l'âge, elle est faible dans la prime enfance, de l'ordre de 30 %, pour s'élever à près de 80 % pendant la vieillesse, ce qui signifie que l'influence de l'environnement et donc de l'éducation est majeure dans l'enfance, mais tend à s'étioler avec l'âge. Autrement formulé : plus ils sont jeunes, plus l'intelligence des enfants adoptés est proche de celle de leurs parents adoptifs et plus ils grandissent, plus ils se rapprochent de leurs parents biologiques.

2. La concordance des QI est plus nette pour des sujets apparentés mais élevés séparément que pour

des sujets élevés ensemble mais sans parenté génétique. Par exemple le coefficient de corrélation (qui mesure le lien entre deux variables, ce lien est d'autant plus important que le coefficient est élevé, de 0 à 1) du QI est très élevé pour les jumeaux monozygotes élevés ensemble (0,86), mais il ne l'est pas beaucoup moins (0,74) pour ceux qui sont élevés séparément. Pour les jumeaux dizygotes, ils sont respectivement de 0,59 et de 0,40, selon que, là aussi, ils ont grandi ensemble ou séparément, coefficients très proches de ceux correspondant aux frères et sœurs non jumeaux. Pour des parents et des enfants vivant ensemble, ce coefficient s'établit à 0,50 mais tombe à 0,20 pour des parents et leurs enfants adoptés.

La part prépondérante de l'inné dans le développement de l'intelligence vaut aussi pour les extrêmes, ainsi le risque d'une déficience intellectuelle (QI inférieur à 70) est d'à peine 2 % dans la population générale, mais ce risque grimpe à 5 % si un oncle ou une tante est déficient, à 20 % s'il s'agit de l'un des deux parents, et à 40 % si les deux parents sont déficients[1].

Pour les surdoués, les études sur les jumeaux montrent une concordance du surdon de plus de 60 % chez les monozygotes contre 25 % chez les dizygotes. De même, les enfants dont au moins l'un des parents a un QI égal ou supérieur à 135 ont un QI moyen de plus

1. Reed & Reed 1965-1973 : études sur 1 450 parents et leurs 1 931 enfants, comparés aux données de population générale.

de 130[1]. Précisons que les couples parentaux se forment le plus souvent sur la base d'un appariement homogène de l'intelligence ou de ses signes extérieurs, le niveau d'études notamment.

Le fait – si le fait est bien là – que l'intelligence humaine relève pour une grande part de la génétique n'est pas nécessairement une bonne nouvelle. Cela signifie que nous n'avons pas beaucoup de prise sur son développement, alors que dans l'hypothèse où l'éducation joue un rôle prépondérant, nous pouvons espérer intervenir plus efficacement. D'autant que si tous applaudissent aux ambitions d'améliorer l'intelligence humaine par l'éducation, peu souscrivent à la perspective d'une « intelligence génétiquement modifiée » espérée par quelques chercheurs dans le monde, notamment au Beijing Genomics Institute.

Même les plus farouches partisans des conceptions innéistes de l'intelligence ne nient pas qu'il existe au moins une faible part d'influence de l'éducation dans le développement de l'intelligence, et il n'est guère d'opposants aux tentatives d'apporter plus de soutiens scolaires aux enfants souffrant d'un environnement social déficitaire. L'un des précurseurs en ce domaine fut Alfred Binet lui-même avec ses programmes d'« orthopédie mentale ». Dans cette même perspective, de nombreux autres programmes pédagogiques de compensation – ou, si l'on préfère, de discrimination positive – ont vu le jour (Elementary and Secondary

1. L.M. Terman et M. Oden, (1959), *Genetic Studies of Genius*, Stanford, Stanford University Press, 2013, vol. 5.

Education Act dans les années 1960 aux États-Unis, Educational Priority Areas dans les années 1970 en Grande-Bretagne, zones d'éducation prioritaire [ZEP], en France dans les années 1980).

À l'initiative du ministère de l'Éducation britannique paraît, en 1967, le rapport Plowden. Les conclusions sont sans appel sur le lien entre les conditions sociales et la réussite scolaire. Un logement surpeuplé (plus de 1,5 occupant par pièce d'habitation) entraîne en moyenne trois mois de retard dans l'acquisition de la lecture et deux mois pour l'arithmétique, l'absence de trois équipements de confort (eau chaude, salle d'eau et W.-C.) provoque neuf mois de retard en lecture. Mais toutes les politiques de pédagogie réparatrice ont donné des résultats décevants, laissant libre cours à des atermoiements sur l'insuffisance de moyens ou aux désillusions sur la discrimination positive.

Nos petits surdoués nous apprennent que le lien qui unit intelligence et réussite scolaire se noue et se dénoue dans la relation pédagogique. Dans cette perspective complexe, de nouvelles pédagogies se sont donné pour ambition de favoriser le développement des capacités cognitives. Il faut citer notamment le programme d'enrichissement instrumental de Reuven Feuerstein (un élève de Piaget), l'ACES[1] (l'acronyme pour « accélération cognitive par l'enseignement des sciences ») ou plus récemment la remédiation cognitive ou l'éducabilité

1. Lire P. Adey, « La Science de la pensée et les sciences au service de la pensée. L'accélération cognitive par l'enseignement des sciences (ACES) », www.ibe.unesco.org/publications/innodata/inno02f.

cognitive. Mais, là aussi, les promoteurs de ces programmes ont parfois reçonnu quelque déception[1].

L'intelligence pourrait aussi être soumise à un effet de génération. C'est l'effet Flynn, du nom de son promoteur, James Flynn, un professeur en sciences politiques (Nouvelle-Zélande). Il a observé une élévation constante du QI sur plusieurs générations. L'étude a porté sur près de 8 000 sujets âgés de 2 à 50 ans. Les résultats sont impressionnants : nous gagnons de trois à sept points par décennie ; soit, si ce progrès devait être ininterrompu, une généralisation de la précocité intellectuelle à toute la population. Plusieurs hypothèses sont avancées (progrès éducatifs, pédagogiques, informatiques, sanitaires, nutritionnels...), mais l'effet Flynn tend à s'atténuer et peut-être même à s'inverser : en 2005, une autre étude dirigée par les promoteurs de l'ACES, Philipp Adey et Michael Shayer, et portant sur 25 000 collégiens britanniques, montrait une régression du QI de près de 30 points en 30 ans ! À l'évidence, la copie de l'effet Flynn est à revoir.

1. Lire, sur ce thème, « L'intelligence, ça s'apprend ? », *Les Cahiers pédagogiques*, février 2000.

Chapitre IV

LES TESTS D'INTELLIGENCE

Les tests d'intelligence sont le produit de plus d'un siècle de recherches ininterrompues. Ils offrent aujourd'hui un niveau de fiabilité et de précision supérieur à toute autre approche. De nombreuses études montrent que si les parents, les enseignants, les psychologues et les médecins peuvent déceler une précocité chez un enfant, ils peuvent aussi se méprendre. Aucun parcours d'identification de la précocité intellectuelle chez l'enfant ne saurait donc se conclure sans la passation de ces tests, ils en sont l'une des étapes clés. C'est la raison pour laquelle nous leur donnons un plein chapitre de ce livre.

Encadré 3. – **Thomas et Shmouel**

Juin 2014. Thomas est en classe de troisième. Les résultats scolaires sont faibles. Le passage en classe de seconde générale apparaît compromis. Cependant, l'un des enseignants suggère la passation d'un test de QI, car il lui semble que « le potentiel de cet enfant est bien supérieur aux résultats ». La psychologue scolaire refuse, car « de toute façon, avec son bulletin, cet élève ne pourrait pas passer en classe de seconde ». Le CMP du secteur de pédopsychiatrie ne « pratique pas les tests ». Aucune autre solution qu'une psychologue libérale. Pour cette maman aux revenus proches du SMIC,

le coût est élevé. Les résultats du test d'intelligence révèlent que le QI de Thomas s'élève à 142. La maman sollicite un entretien avec la principale du collège, espérant obtenir une place en seconde générale ou à défaut un redoublement de la troisième (Thomas a 14 ans). La principale fait peu de cas des résultats du bilan psychologique, « oui, peut-être » et refuse, ou plus précisément explique à la maman qu'elle ne veut pas de redoublements dans son collège et que, si elle persiste dans sa demande « son enfant sera inscrit l'année prochaine dans n'importe quel collège à deux heures de son domicile » ou que « s'il passe en seconde générale et qu'il échoue, il sera réorienté dès le premier mois en seconde professionnelle sans aucune possibilité de choix, ni de lieu ni de formation ». La maman prend peur et accepte un passage dans une seconde professionnelle d'usinage, puis, quelques jours après, se ravise et demande la poursuite de la scolarité en filière générale.
L'histoire de Thomas est à rapprocher du témoignage de Avner Ziv[1], professeur de psychologie à l'université de Tel-Aviv : « On reconnaît souvent les surdoués à leurs notes lamentables en classe. Le rythme de la classe est trop lent et les rend paresseux. Le professeur les bouscule, les bloque et souvent ils finissent à la porte de l'établissement. Je me souviens d'un enfant nommé Shmouel. Parcours très moyen jusqu'au lycée, où là on décide de l'orienter vers un LEP pour apprendre le métier de garagiste. Par un heureux concours de circonstances, je lui fais passer des tests. Résultat : un QI de 140. Interrogé sur ses activités extrascolaires, j'apprends sa passion de la lecture, "surtout Platon et Kant", dit-il. Il s'en fallut de peu pour que Shmouel soit le seul garagiste d'Israël à lire Platon dans le texte. »

1. Auteur notamment de *L'Humour en éducation*, Paris, Creaxion, 2002.

I. – Phrénologie et tests sensoriels

Au XIXe siècle, la mesure de l'intelligence se fonde sur deux théories. La première, la phrénologie ou craniométrie, est défendue par un médecin allemand, Franz Joseph Gall (1758-1828). Il fait paraître en 1810 un livre au titre explicite : *Anatomie et physiologie du système nerveux en général et du cerveau en particulier, avec des observations sur la possibilité de reconnaître plusieurs dispositions intellectuelles et morales de l'homme et des animaux par la configuration de leurs têtes.* Les théories de Gall ont connu un immense succès dans toute l'Europe. Elles sont aujourd'hui abandonnées et même moquées, mais elles ont cependant inauguré les découvertes ultérieures sur la localisation des fonctions cérébrales. Et plus récemment, une étude d'imagerie cérébrale[1] à grande échelle – plus de 1 500 sujets – a montré un lien entre certains gènes, l'épaisseur du cortex et le niveau d'intelligence !

La seconde théorie postule qu'il existe un lien entre l'intelligence et les aptitudes sensorielles, celles, par exemple, qui nous permettent de distinguer les couleurs ou les sensations tactiles. C'est l'époque du célèbre compas de Weber, les deux aiguilles donnant la sensation d'une piqûre ou de deux selon qu'elles sont plus ou moins rapprochées. Francis Galton (1822-1911) est persuadé que les tests d'acuité et de discrimination sensorielles offrent

1. S. Desrivières *et alii*, « Single Nucleotide Polymorphism in the Neuroplastin Locus Associates with Cortical Thickness and Intellectual Ability in Adolescents », *Molecular Psychiatry* (février 2014).

une mesure fiable de l'intelligence. Lors de l'Exposition universelle de 1884, à Londres, il connaît un grand succès avec son laboratoire anthropométrique. Les visiteurs se soumettent avec grand plaisir à ces tests ludiques, censés donner la mesure de leur intelligence.

II. – Alfred Binet ou l'invention des tests modernes

Ce que propose Galton – l'évaluation de l'intelligence par la mesure des processus sensoriels – est à l'exact opposé des recherches d'Alfred Binet[1], celles notamment qu'il décrit dans *L'Étude expérimentale de l'intelligence*, ouvrage édité à Paris par la librairie Reinwald en 1903. Alfred Binet y récuse l'idée que l'étude des « fonctions supérieures » puisse se limiter aux « sensations » et affirme qu'il faut ajouter l'étude « de la mémoire, du jugement, du raisonnement, de l'imagination »... Dans ce livre, Binet cite deux fillettes qu'il a étudiées particu-

1. Alfred Binet (1847-1911), inventeur de la psychométrie, fut d'abord avocat, avant d'engager, après sa démission du barreau de Paris, des études de médecine qu'il ne termina pas, puis des études de sciences naturelles conclues par une thèse sur le « système nerveux sous-intestinal des insectes » et enfin des études de psychologie et de psychiatrie. Il publia de nombreux livres, par exemple sur *Les Altérations de la personnalité* ou sur *Le Fétichisme dans l'amour* ainsi que plusieurs pièces de théâtre, notamment *Une leçon à la Salpêtrière*, où il décrit sans ménagement les pratiques de Charcot, dont il fut un temps l'élève. Mais ce fut sa rencontre avec un jeune interne en psychiatrie, Théodore Simon, qui permit la création de l'échelle métrique d'intelligence, le test Binet-Simon. Théodore Simon (1873-1961) est presque un contemporain ; on lui doit aussi la création, en 1946, de la première école d'infirmières en psychiatrie de France, à l'hôpital Maison-Blanche de Neuilly-sur-Marne.

lièrement : « deux sœurs, dont l'une, Marguerite, avait 14 ans et demi, et sa cadette, Armande, 13 ans, à l'époque où j'ai terminé mes principales expériences ; elles s'y sont prêtées avec beaucoup de bonne grâce, sans timidité ni fou rire ; elles ont toujours compris qu'il s'agissait d'une chose sérieuse ». En réalité, ces demoiselles sont – sous un prénom d'emprunt – les propres filles d'Alfred Binet. Elles décriront plus tard un « papa loin d'évoquer la traditionnelle figure du savant ». « Il était si gai, aimant à nous instruire de ses récits pleins d'images charmantes, et d'une telle fantaisie que tous les récits autres que les siens, entendus depuis me sont toujours apparus fades et pauvres [...], il nous disait souvent en riant qu'il mourrait d'imagination »[1].

Depuis que Jules Ferry a eu l'idée de faire voter deux lois qui portent son nom, l'une en 1881 instituant l'école publique et gratuite, et l'autre en 1882 précisant que l'école serait aussi obligatoire et laïque, il se trouve au moins un obstacle pour mettre en application leur ambition universelle, c'est l'incapacité pour certains enfants de suivre cet enseignement. En 1904, le ministre de l'Instruction publique et des Beaux-Arts, Léon Bourgeois, crée une commission spéciale qui se charge d'étudier « les conditions dans lesquelles les prescriptions de la loi du 28 mars 1882 sur l'obligation de l'enseignement primaire pourraient être appliquées aux enfants anormaux des deux sexes, aveugles, sourds-muets et arriérés[2] ».

1. M. Binet, *Journal*, Paris, Édition de la Société Binet-Simon, 2011.
2. M. Vial et M.-A. Hugon, *La Commission Bourgeois (1904-1905). Documents pour l'histoire de l'éducation spécialisée*, Paris, CTNERHI, 1998.

Cette commission propose notamment 1. « que dans les écoles primaires, les enfants jugés réfractaires à l'enseignement ou à la discipline de l'école ne soient plus renvoyés sans avoir été soumis à un examen médico-pédagogique » ; 2. que ces enfants, « s'ils sont reconnus comme anormaux perfectibles, soient groupés dans une classe spéciale annexée à l'école ou dans un établissement spécial ». À cette époque, il n'existe ni classification ni méthode fiable auxquelles pourrait se rallier la commission pour distinguer ou identifier les « arriérés », les « idiots », les « débiles », les « imbéciles » et autres « crétins », selon les termes médicaux alors en usage.

Les travaux d'Alfred Binet sont connus, et mission lui est confiée de dépister les enfants « dans l'incapacité de suivre l'enseignement ». Après quelques tâtonnements, Alfred Binet élabore une méthode particulièrement novatrice, il propose de mesurer l'intelligence en recensant les aptitudes moyennes par classe d'âge. Par exemple, la majorité des enfants répète deux chiffres à 3 ans et cinq chiffres à 8 ans. Pour ces travaux, Alfred Binet interroge des centaines d'enfants, dans des écoles maternelles et primaires, à l'hôpital de la Salpêtrière ou dans des hospices. Ainsi, Alfred Binet, aidé de son complice Théodore Simon, établit une échelle métrique de l'intelligence sur la base de scores moyens obtenus par classe d'âge. Dans un premier temps, cette échelle métrique se construit sur la distinction entre enfants normaux et enfants « arriérés », puis sur une comparaison par groupe d'âge. Un enfant soumis graduellement aux épreuves de chaque niveau d'âge obtient un âge mental correspondant au dernier niveau réussi.

Fig. 1. – **L'échelle métrique de l'intelligence, le test « Binet-Simon » (1911)**

TEST BINET-SIMON
Feuille de niveau (1)

NOM ET PRÉNOMS ....
Date de naissance .... *Date de l'examen* ....
Âge à la date de l'examen .... *Âge d'intelligence* ....

3 ans

* Donner nom de famille.
* Répéter 2 chiffres.
* Énumérer une gravure.
* Répéter phrase 6 syllabes.
Montrer nez, œil, bouche.

4 ans

* Répéter 3 chiffres.
Donner son sexe.
Nommer clé, couteau, sou.
Comparer 2 lignes.

5 ans

* Répéter phrase 10 syllabes.
* Compter 4 sous simples.
Comparer 2 poids.
Copier un carré.
Jeu de patience.

6 ans

* Compter 13 sous simples.
* Définir par l'usage.
Distinguer matin et soir.
Copier un losange.
Comparaisons esthétiques.

7 ans

* Décrire une gravure.
* 9 sous, dont 3 doubles.
Main droite, oreille gauche.
Nommer 4 couleurs.
Exécuter 3 commissions.

8 ans

* Répéter 5 chiffres.
2 objets de souvenir.
Compter de 20 à 0.
Lacunes de figures.
Date du jour.

9 ans

* Reconnaître pièces de monnaie.
* Rendre sur 1 fr.
* Définir supérieurement à usage.
* Questions faciles.
Énumérer les mois.

10 ans

* Questions difficiles.
Ordonner 5 poids.
Deux dessins de mémoire.
Critiquer phrases absurdes.
3 mots en 2 phrases.

12 ans

3 mots en une phrase.
Résister à suggestion de lignes.
Plus de 60 mots en 3 minutes.
Définir mots abstraits.
Deviner le sens de phr. en désordre.

15 ans

* Répéter 7 chiffres.
* Répéter phrase de 26 syllabes.
* Interpréter une gravure.
Trouve 3 rimes.
Problèmes de faits divers.

Adultes

Épreuve de découpage.
Reconstruire un triangle.
Différences de mots abstraits.
Roi et président.
Pensée d'Hervieu.

---

(1) *Les épreuves marquées d'un astérisque sont celles de la première feuille d'interrogatoire.*

Fig. 2. – **Extrait du « Binet-Simon 1966 » de René Zazzo**

3e année	*4e année*	*5e année*
1. Montrer nez, œil, bouche	9. Comparer 2 poids	15. Comparaisons esthétiques
2. Nommer clé, couteau, sou	10. Répéter 3 chiffres (endroit)	16. Compter 4 jetons
3. Énumérer une gravure	11. Répéter 10 syllabes	17. Nommer 4 couleurs
4. Répéter 2 chiffres (endroit)	12. Jeu de patience	18. Exécuter 3 commissions
5. Dire son sexe	13. Définition de mots familiers	19. Distinguer matin, après-midi, soir
6. Comparer 2 lignes	14. Copie du carré	
7. Donner son nom de famille		
8. Répéter 6 syllabes		

La version que nous reproduisons (voir fig. 1) est la troisième en date, la première remontant à 1905, la deuxième à 1908. Sans la disparition prématurée d'Alfred Binet en 1911, à l'âge de 54 ans, d'autres éditions auraient probablement vu le jour.

L'idée directrice de cette mesure a été la suivante : imaginer un grand nombre d'épreuves, à la fois rapides et précises et présentant une difficulté croissante ; essayer ces épreuves sur un grand nombre d'enfants d'âge différent ; noter les résultats ; chercher quelles sont les épreuves qui réussissent pour un âge donné et que les enfants plus jeunes, ne serait-ce que d'un an, sont incapables en moyenne de réussir ; constituer ainsi une échelle métrique de l'intelligence qui permet de déterminer si un sujet donné a l'intelligence de son âge, ou bien est en retard ou en avance, et à combien de mois ou d'années se monte ce retard ou cette avance[1].

En 1966, René Zazzo, un psychologue français, propose un réétalonnage du Binet-Simon 1911 (voir fig. 2).

Mes recherches personnelles ne m'orientent pas pour l'instant vers une conception originale de l'intelligence et, en tant que clinicien, je me contente fort bien du Binet-Simon [...]. La réflexion sur les épreuves à choisir ou à inventer fut la partie la plus passionnante de cette nouvelle entreprise. Nous y étions déjà fortement engagés en 1949 avec les psychologues scolaires. [...] Dans une création scientifique comme dans un nouvel amour (et ce n'est pas au fond tellement différent), il faut repartir à zéro, même si l'inspiration de chacun puise toujours aux mêmes sources[2].

Avec la NEMI-2 (voir fig. 3), il n'y a plus de couplage entre question et âge. Les mêmes épreuves sont présentées, indistinctement, de 4 ans et demi à 12 ans et demi. Ce test est bâti sur les théories de John Carroll. Le modèle de Carroll décrit trois niveaux d'intelligence : un niveau général, le fameux facteur **g**, un niveau médian qui comprend huit facteurs (intelligence fluide, intelligence cristallisée, mémoire et apprentissage, per-

1. A. Binet et T. Simon, « La mesure du développement de l'intelligence chez les jeunes enfants », *Bulletin de la Société libre pour l'étude psychologique de l'enfant*, 1911.

2. Cité in R. Zazzo, M. Gilly et M. Verba-Rad, *La Nouvelle Échelle métrique de l'intelligence*, Paris, Éditions d'application psychologique, 1966 ; et in G. Cognet, « Les trois vies du Binet-Simon : Binet-Simon, Nemi, Nemi-2 », *Recherches & éducations*, octobre 2011, n° 5, p. 165-179 ; disponible sur Internet : <http://recherchesseducations.revues.org/832>.

ception visuospatiale, perception auditive, mémoire à long terme, vitesse cognitive et vitesse de traitement de l'information) et un niveau de base qui correspond à des connaissances spécifiques (Connaissances culturelles, Vocabulaire, Mémoire des chiffres...).

Fig. 3. – **La NEMI-2**
ou Nouvelle Échelle métrique de l'intelligence
(Le « Binet-Simon 2006 » de Georges Cognet)

Épreuves	*Origine des items*
Connaissances	7 items proviennent du Binet-Simon, tels que Nommer 4 couleurs, Compter 4 objets, etc.
Comparaisons	3 items proviennent de Comparer deux objets de souvenirs (Binet-Simon) et 5 de Ressemblances (NEMI).
Matrices analogiques	Création NEMI-2
Vocabulaire	3 items sont repris de Définition de mots familiers (Binet-Simon) et 7 de Vocabulaire (NEMI).
Adaptation sociale	6 items issus de Questions de compréhension (Binet-Simon).
Répétition de chiffres	Épreuve du Binet-Simon de 1908 reprise par Zazzo avec de légères modifications.
Copie de figures géométriques	Issus de 4 items provenant du Binet-Simon : Copie du carré et Copie du losange, deux dessins de mémoire.
Comptage de cubes	8 items repris de Comptage de cubes de la NEMI.

III. – William Stern et David Wechsler, du quotient intellectuel (QI) au rang percentile

Un psychologue allemand, William Stern (1871-1938), propose de lier âge mental et âge réel par un quotient. Ainsi, un enfant qui a un âge mental de 8 ans et un âge réel de 6 ans obtient un quotient de 1,3, alors qu'un enfant avec un âge mental de 6 ans et un âge réel de 4 obtient un quotient de 1,5. Ainsi, le même écart entre l'âge mental et l'âge chronologique est pondéré selon l'âge. Lewis Terman publie en 1916 une version révisée américaine du Binet-Simon connue sous le nom de Stanford-Binet et propose de multiplier par 100 le quotient obtenu ; nous obtenons ainsi l'ordre de grandeur actuel, par exemple un quotient de 1,1 correspond à un QI de 110.

David Wechsler (1896-1981), psychologue pour adultes à l'hôpital Bellevue de New York, a constaté, lorsqu'il était psychologue de l'armée américaine, les imperfections – notamment les biais culturels – des tests alors en vigueur pour recruter les jeunes soldats (le Army-Alpha-Test pour les adultes instruits et le Army-Beta-Test pour les illettrés et les non-anglophones). Pour y remédier, il élabore en 1939 une nouvelle échelle destinée aux seuls adultes, c'est le Wechsler-Bellevue qui deviendra ensuite la WAIS, en 1955 (Wechsler Adult Intelligence Scale). Fort de ce premier succès, il construit une nouvelle échelle pour les enfants de 6 à 16 ans, c'est le WISC (Wechsler Intelligence Scale for Children), puis une dernière échelle pour les enfants d'âge préscolaire, c'est la WPPSI (Wechsler Preschool and Primary Intelligence Scale). Ces tests d'intelligence sont les plus utilisés en France et dans le monde, et sont régulièrement révisés pour la version américaine comme pour l'adaptation française. En cours, le WISC-IV et à venir – attendu pour 2016 –, le WISC-V.

Les échelles de Wechsler sont bâties sur le modèle des échelles de Binet-Simon et multiplient les gammes de questions de telle sorte que la mesure de l'intelligence corresponde à une addition de subtests. Mais elles diffèrent sur deux points. Premièrement, elles ne calculent plus un quotient entre l'âge mental et l'âge chronologique mais donnent un rang dit percentile aux performances d'un enfant dans son groupe d'âge. Par exemple, un QI à 130 correspond aux 2 % les « plus intelligents » de la population : c'est par convention le seuil d'entrée de la précocité intellectuelle. Deuxièmement, l'évaluation de l'intelligence se partage en plusieurs indices. Les trois premières versions du WISC distinguaient les épreuves verbales et les épreuves de performance. Cette partition verbale/performance a longtemps séduit les psychologues et les patients, car elle permettait de distinguer l'intelligence liée aux connaissances acquises (appelée intelligence cristallisée) de l'intelligence d'adaptation aux situations nouvelles (appelée intelligence fluide), mais de nombreuses études de validité montrent que ce regroupement binaire ne distingue qu'artificiellement le verbal du non-verbal (performance). Aussi, depuis 2005, avec le WISC-IV, le duo verbal/performance est abandonné au profit d'une partition en quatre indices. Ce sont l'indice de compréhension verbale (ICV), l'indice de raisonnement perceptif (IRP), l'indice de mémoire de travail (IMT) et l'indice de vitesse de traitement (IVT).

Encadré 4. – **Les quatre indices du WISC-IV**

L'INDICE DE COMPRÉHENSION VERBALE (ICV) comprend trois subtests principaux : Similitudes, Vocabulaire, Compréhension et deux subtests supplémentaires : Information et Raisonnement verbal. Cet indice correspond à ce que l'on appelle l'intelligence cristallisée, c'est la part de l'intelligence qui dépend le plus de l'éducation et de la scolarité et donc des connaissances acquises ainsi que de la maîtrise du langage, de la lecture ou de l'écriture. Pour partie, cet indice dépend de l'origine sociale et détermine la réussite scolaire. En France, dans la population qui a participé à l'étalonnage de ce test, les enfants de cadres ont un indice de compréhension verbale nettement supérieur à la moyenne. Exemple de questions. Similitude : En quoi une chemise et un pantalon se ressemblent ? Vocabulaire : Qu'est-ce que l'habileté ? Compréhension : Pourquoi faut-il mettre un timbre sur une enveloppe ?

L'INDICE DE RAISONNEMENT PERCEPTIF (IRP) comprend trois subtests principaux : Cubes, Identification de concepts, Matrices et un subtest supplémentaire : Complément d'images. Cet indice évalue l'intelligence fluide, cette part de l'intelligence qui fait appel à la logique, à l'analyse et à la résolution de problèmes nouveaux, indépendamment ou presque des acquisitions antérieures. L'IRP prend le relais du QIP (quotient intellectuel de performance), il garde en commun l'épreuve des cubes, mais n'intègre plus la vitesse comme un élément clé de performance.

L'INDICE DE MÉMOIRE DE TRAVAIL (IMT) comprend deux subtests principaux : Mémoire des chiffres et Séquence lettres-chiffres et un subtest supplémentaire : Arithmétique. Il apprécie, comme son nom ne l'indique pas, à la fois la mémoire à court terme et la mémoire de travail, c'est-à-dire la mise en œuvre simultanée de différentes fonctions, par exemple la perception et la mémorisation à court terme d'informations lues ou entendues, la réflexion sur un problème à résoudre et la réalisation de cette action. L'IMT est également dépendant de la maîtrise du langage et des capacités d'attention et de concentration.

L'INDICE DE VITESSE DE TRAITEMENT (IVT) comprend deux subtests principaux : Codes et Symboles et un subtest supplémentaire : Barrage. Il évalue la vitesse d'exécution graphique et la vitesse d'analyse et d'attention visuelle. Cet indice permet de repérer les dysgraphies et les troubles de l'attention.

IV. – Construction et fiabilité des tests d'intelligence

La construction d'un test d'intelligence obéit à des règles précises, notamment pour la sélection des items (les questions posées). Il convient tout d'abord de soumettre les questions à un *indice de difficulté* qui permettra d'éliminer les questions trop faciles ou trop difficiles puis à un *indice de discrimination*, qui mesure la capacité de chaque question à discriminer les sujets à hauteur de leurs résultats d'ensemble. De nombreux modèles mathématiques et statistiques se sont portés au secours de l'élaboration des tests psychologiques, citons notamment l'analyse factorielle et la théorie de la réponse à l'item.

Une fois franchie l'étape de la construction, il reste à évaluer la fiabilité des tests. Trois critères sont retenus :

- la *sensibilité*, qui mesure la variabilité des scores et donc la capacité à différencier les sujets soumis aux tests ;
- la *fidélité*, qui apprécie la constance de la mesure, notamment dans le temps (fidélité test-retest), d'un item à l'autre (consistance interne) ou d'un test à l'autre (fidélité par équivalence) ;
- la *validité*, enfin, probablement le critère le plus déterminant pour apprécier la qualité d'un test d'intelligence.

Plusieurs méthodes sont proposées, nous citerons la validité empirique ou critérielle, qui mesure la corrélation avec des critères prédictifs de comportement, par exemple la réussite ou l'échec scolaire.

Il ne suffit pas de disposer d'un test « sensible, fidèle et valide », il faut aussi, pour la passation du test comme pour sa cotation, des psychologues rompus à son usage. Seules une longue formation et une pratique contrôlée permettent de donner le meilleur de ces tests, qui ne peuvent cependant être exempts de toute subjectivité. Ainsi, à la question : « En quoi un ours et un lapin se ressemblent ? », la bonne réponse facile à coter est : « Ce sont deux animaux », mais faut-il considérer comme une erreur, cette autre réponse : « Ce sont deux peluches. » À réponse égale, plusieurs études ont montré que la cotation peut varier d'un psychologue à l'autre et que – pour les réponses ambiguës –, la cotation est plus indulgente si le psychologue se convainc que l'enfant a un bon niveau. Une étude[1], qui compare la cotation de soixante-quatre psychologues pour un même test de QI, le démontre. Bien qu'il s'agisse d'un ensemble de réponses strictement identiques, le score va pour les notes extrêmes de 78 à 95, c'est-à-dire d'un niveau inquiétant à un niveau normal.

Fig. 4. – **Le quotient intellectuel en lecture percentile**

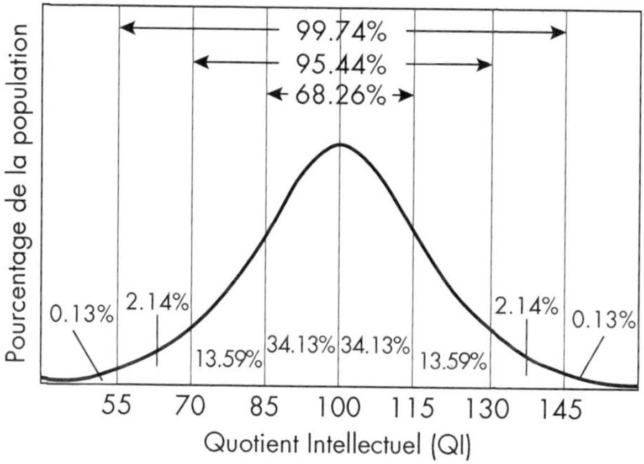

1. C. Miller et N. Chansky, « Psychologists' Scoring of WISC Protocols », *Psychology in the Schools*, 1972.

Exemples de lecture de la figure 4 :

- un QI à 100 signifie que la moitié des sujets ont un score supérieur et l'autre moitié un score inférieur ;
- 68,26 % des sujets ont un QI compris entre 85 et 115 ;
- 2,14 % ont un QI supérieur à 130 ;
- 0,13 % un QI supérieur à 145 ou inférieur à 55 (soit à peine plus de 1 sur 1 000).

V. – Quotient intellectuel, quotient rationnel, quotient émotionnel et tests de créativité

Les tests de QI font appel à une rationalité éthérée, mais l'intelligence, telle qu'elle s'exerce dans la vie, se mêle ou se heurte à de nombreuses contingences et notamment l'engagement affectif, les traits de personnalité, la crainte du risque ou les contraintes hiérarchiques. Ces paramètres exercent une grande influence sur nos prises de décision. Selon le psychologue et économiste israélien Daniel Kahneman[1], notre pensée obéit à un *système 1*, rapide, intuitif et émotionnel,

1. Daniel Kahneman est né à Tel Aviv, mais il passa son enfance à Paris sous l'occupation allemande. « Alors que je marchais dans la rue, un soldat allemand s'approche. Il s'est penché vers moi, m'a pris, puis serré dans ses bras. J'étais terrifié qu'il ne remarque mon étoile sous mon chandail. Il me parlait avec émotion, en allemand. Il a desserré son étreinte, ouvert son porte-monnaie, montré la photographie d'un petit garçon et donné de l'argent. Je suis rentré à la maison, plus convaincu que jamais que ma mère avait raison : les gens sont infiniment compliqués et intéressants » (lire Jean Kleinmann, « Les politiques antisémites dans les Alpes-Maritimes, 1938-1944 », *Cahiers de la Méditerranée*, vol. 74).

et à un *système 2*, lent, réfléchi et logique[1]. Les recherches de Kahneman s'appliquent à divers domaines, elles sont à l'origine de l'économie comportementale (théorie des perspectives, théorie du renversement...), elles lui ont valu en 2002 de recevoir le prix Nobel d'économie. Le *système 1* est sous l'emprise de biais cognitifs (ou raccourcis heuristiques) qui influencent inconsciemment et irrationnellement nos décisions, par exemple la surestimation de la probabilité de la survenue d'un événement si nous venons de le subir récemment, la tendance à rationaliser des événements fortuits ou à rapprocher des événements indépendants, la généralisation de quelques faits isolés, le biais de formulation (le choix des mots nous influence, par exemple le « corporatisme » donne une image plus négative que « syndicalisme »), le biais de confirmation (nous retenons les informations qui confirment nos convictions et écartons les autres), le biais de l'aversion pour la perte (la crainte de perdre est plus forte que l'envie de gagner). Si la passation d'un test n'est pas trop encombrée de facteurs affectifs tels que la crainte, l'hostilité ou l'envie de bâcler, le *système 2* est préférentiellement activé, alors que, dans la « vraie vie », nous sommes sous l'influence de notre *système 1* et de ses biais cognitifs. Il serait donc légitime de distinguer l'intelligence – ce que mesurent les tests de QI – et la rationalité – ce qu'ils ne mesurent pas. Aux

1. D. Kahneman, *Système 1, système 2. Les deux vitesses de la pensée*, trad. R. Clarinard, Paris, Flammarion, « Essais », 2012.

États-Unis, des recherches universitaires sont en cours pour élaborer des tests de QR (quotient rationnel)[1].

Il faut ajouter quelques mots pour mentionner la très médiatique intelligence émotionnelle et le quotient du même nom, le QE. Selon ses promoteurs, Mayer et Salovey, l'intelligence émotionnelle se définit comme « l'habileté à percevoir et à exprimer les émotions, à les intégrer pour faciliter la pensée, à comprendre et à raisonner avec les émotions, ainsi qu'à réguler les émotions chez soi et chez les autres[2] ». Le succès du QE tient probablement à ce qu'il égratigne la suprématie du QI et qu'il offre un espoir d'épanouissement individuel. Le QE est souvent présenté comme perfectible (apprendre à contrôler ses émotions), alors que le QI apparaît plus inexorable.

L'intelligence peut aussi s'apprécier par sa créativité. C'est un domaine de recherche peu exploré en France, le seul test dont nous disposons, le test de pensée créative de Torrance mesure quatre critères de créativité :

1. la fluidité idéationnelle (nombre de réponses pertinentes) ;
2. la flexibilité spontanée (nombre de catégories de réponses, par exemple, proposer plusieurs usages, plusieurs matériaux…) ;

1. Lire par exemple K.E. Stanovich, *What Intelligence Tests Miss : The Psychology of Rational Thought*, New Haven, Yale University Press, 2009.

2. J. Mayer et P. Salovey, « The Intelligence of Emotional Intelligence », *Intelligence*, 1993, n° 17, p. 433-442.

3. l'originalité (niveau d'inventivité) ;
4. l'élaboration (solution constructive et détaillée).

Quelques exemples de questions : « Les boîtes en carton vides sont souvent jetées ; pourtant, elles pourraient être utilisées de façon intéressante et originale. Écrivez tout ce que l'on pourrait faire d'astucieux avec des boîtes en carton » ; « Regardez ce dessin d'un petit éléphant en peluche, écrivez tous les changements, toutes les transformations les plus astucieuses que vous pouvez imaginer pour améliorer ce jouet et le rendre plus amusant et plus agréable » ; « Imaginez des ficelles attachées aux nuages et descendant jusqu'à terre. Si cette situation invraisemblable existait vraiment, écrivez toutes les idées qu'elle vous inspire » ; « Regardez ces dessins incomplets. Ajoutez tout ce que vous voulez afin d'illustrer une histoire et des idées nouvelles. Vous avez dix minutes »[1].

1. H.P. Torrance, *Tests of Creative Thinking : Norms-Technical Manual*, Princeton, Personnel Press, 1974. Test non validé en français.

Chapitre V

IDENTIFICATION DES ENFANTS PRÉCOCES

Dans l'étude de Terman, les premiers de la classe ne sont pas tous surdoués et les surdoués ne sont pas tous de brillants élèves. Ainsi, un constat s'impose : les seuls résultats scolaires ne représentent pas un critère fiable d'identification de la précocité intellectuelle et de même, la précocité intellectuelle ne garantit pas l'excellence scolaire.

I. – Précocité et dyssynchronies du développement

Dès les premiers mois de la vie, le développement psychomoteur des enfants à haut potentiel peut marquer une petite avance[1]. Ces enfants semblent développer plus tôt une mobilité du regard plus exploratrice et une attention plus vigilante. De même, la station assise sans soutien s'observe vers 6 mois contre huit mois pour les enfants lambda ; la station debout avec appui, 8 mois contre 10 ; la marche autonome, 12 mois contre 14 ;

1. Lire les travaux de Laurence Vaivre-Douret sur <*http://www.adulte-surdoue.org/2012/articles/aspects-developpementaux-et-neurocognitifs-des-enfants-a-hautes-potentialites-surdoues*>.

le fait de manger seul à la cuillère, 12 mois contre 18 ; l'usage du tricycle, 24 mois contre 36. Il s'agit de moyennes, et aucune de ces avances ne signe, si elle est présente, ou n'exclut, si elle est absente, un haut potentiel. Ces valeurs sont statistiquement significatives, mais individuellement insignifiantes. Ainsi, il est des enfants normalement intelligents qui marchent précocement et des enfants surdoués qui marchent tardivement.

En revanche, une avance des premières étapes du langage augure mieux de la précocité intellectuelle. Les premiers mots apparaissent ordinairement vers l'âge de 12 mois, mais pour les enfants précoces, il n'est pas rare qu'ils surviennent vers 8 mois. Quelques parents témoignent d'enfants freinés dans leur tentative de parler dès l'âge de 3 mois. Il est possible que la capacité ou l'envie de dire des mots soit entravée par la non-orchestration physiologique des organes de la phonation (larynx, pharynx, cordes vocales, bouche, langue et lèvres). **Ce serait peut-être la toute première dyssynchronie**. Mais d'autres enfants précoces passent leur tour pour les premières étapes du langage et sautent directement à des phrases construites, parfois même avant l'âge de 2 ans. En quelques mois, le langage prend alors de la précision et devient source de plaisir.

De même – autre dyssynchronie – l'enfant disposera, quelques années plus tard, de toutes les capacités cognitives pour apprendre à écrire, mais ne possédera pas encore l'habileté graphomotrice qui doit accompagner l'apprentissage de l'écriture. On peut lire Homère dans le texte et avoir quelques difficultés à lacer ses souliers ou à ne pas renverser sa tasse.

Les dyssynchronies correspondent à des discordances dans les différents registres du développement, la précocité intellectuelle ne s'accompagnant pas nécessairement de précocité dans d'autres domaines, par exemple dans la maturité affective ou l'habileté motrice. Comme ces dyssynchronies sont source de difficultés, nous les avons décrites plus précisément dans le chapitre VIII sur les risques de la précocité intellectuelle.

Enfin, il faut préciser que d'une fonction cognitive à l'autre, le développement chez les enfants précoces n'est pas homogène. On peut observer, là aussi des dyssynchronies. Par exemple, les tests explorant la spatialité (perspective, horizontalité...) montrent un retard relatif chez les enfants surdoués sur ce que pourrait laisser espérer le niveau de performance dans d'autres domaines, par exemple la maîtrise du langage[1].

II. – Identification clinique

De nombreuses études – toutes anglo-saxonnes – se sont attachées à vérifier la fiabilité de l'identification des élèves surdoués par les enseignants. L'efficience qui mesure le nombre d'enfants réellement surdoués rapporté au nombre d'enfants désignés comme tels donne des pourcentages qui dépassent rarement 40 %. Autrement formulé, à peine un enfant sur deux identifié comme surdoué par un enseignant se révèle l'être après vérification par des tests. Aux États-Unis, les enseignants

1. P. Planche, *Les Enfants à haut potentiel. Caractéristiques cognitives et développementales*, Boulogne-Billancourt, Tikinagan, 2008.

peuvent bénéficier d'une formation pour mieux identifier les enfants précoces. Ces programmes sont utiles, car les enseignants sont en première ligne pour aider les élèves en difficulté et notamment les enfants intellectuellement précoces en rupture scolaire.

Les possibilités d'identification par les parents sont soumises à une légende tenace. On soupçonne leur regard d'être toujours embué par leur amour. Il leur est dénié toute objectivité et donc tout discernement. De nombreuses recherches ne concluent pas en ce sens et donnent au jugement des parents des scores de fiabilité tout à fait honorables. Certaines études avancent même une identification parentale de la précocité intellectuelle proche de 80 % et donc bien supérieure à l'identification enseignante.

Dans le cabinet du psy, il est possible d'observer quelques prouesses spontanées de nos jeunes patients n'incitant guère au doute sur leurs potentialités. Ainsi, ce bambin de 3 ans à qui je donne un conseil pour déplacer un siège, me remercie d'un « c'est une bonne technique ». Je suis bouche bée et je me tourne vers la maman qui s'amuse de mon étonnement et me précise que son fils commente parfois d'un « c'est une bonne idée », les meilleurs moments des conversations de ses parents. Tout le reste est à l'avenant, la passation d'un test de QI devient presque une formalité.

Autre exemple, ce garçon de 7 ans qui lit un livre d'histoire de la collection « La vie quotidienne ». Il l'a chipé dans la bibliothèque de ses parents. Il n'aime pas les bandes dessinées et ne lit que de « vrais livres ». Ses parents sont presque inquiets de le voir s'adonner à des loisirs aussi studieux (par parenthèses, une légende de plus à mettre en pièces : les enfants surdoués ne sont pas des bêtes de cirque suréduquées). Là aussi, une telle passion intellectuelle ne laisse guère de doute sur le « diagnostic » de précocité. Ce même enfant, un autre jour, alors que sa maman parle de « chercher une aiguille dans une botte de foin », réplique avec humour : « Ça ne doit pas être si difficile avec un aimant. »

Un adolescent de 12 ans qui me demande de l'éclairer à propos d'un article qui raconte la colère d'une jeune femme « traitée de femelle ». Il s'étonne de cette colère, car il lui semble qu'un jeune homme, qui serait « traité de mâle », ne serait pas du tout fâché. Je tente de lui expliquer – plutôt laborieusement – la différence d'usage et de sens… Il m'interrompt et me dit : « Je crois que j'ai compris : mâle désigne la virilité, alors que femelle désigne l'animalité. »

Mais quelques histoires éblouissantes ne sauraient se substituer à un protocole sérieux d'identification de la précocité intellectuelle. Une longue expérience des enfants précoces a permis à Jean-Charles Terrassier de recenser, sous la forme d'un inventaire d'identification, les principales caractéristiques des enfants précoces. Il se compose de vingt et une questions pondérées d'un coefficient de pertinence, par exemple la lecture avant l'entrée au cours préparatoire vaut 5 ou 7 points selon qu'elle a été acquise avec une aide ou seule, tandis que le plaisir de la pratiquer ne vaut que 2 points. L'hypothèse d'un surdon peut être posée au-delà d'un score de 14 points. Pour un enfant en échec scolaire – on ne retiendra que 13 items, ceux distingués par un astérisque –, un score de 10 ou plus incitera à « soupçonner » une précocité intellectuelle et donc à proposer un test d'intelligence.

Fig. 5. – **Inventaire d'identification de Jean-Charles Terrassier**

	L'ENFANT :	Points	Résultat
1	a été capable d'apprendre à lire avant le CP (6 ans) - seul ou presque - aidé	7 5	
2	lit beaucoup et rapidement des livres (les illustrés n'ont pas à être pris en compte)	2	
3	manifeste un grand intérêt pour les encyclopédies et les dictionnaires	2	
4	a appris rapidement à lire mais a eu des difficultés pour l'écriture (valable surtout pour les garçons)	1	
5*	choisit des camarades plus âgés que lui pour les activités d'intérieur	2	
6*	aime beaucoup dialoguer avec les adultes	2	
7*	pose beaucoup de questions variées et originales	2	
8*	veut toujours savoir le « pourquoi » de tout	1	
9*	quoique parfois distrait, est capable quand quelque chose ou quelqu'un l'intéresse (un film, la télévision, une personne) de faire des observations d'une étonnante perspicacité	2	
10*	juge volontiers les gens	1	
11*	est ennuyé par les activités de routine (tout ce qu'il faut recommencer indéfiniment de la même façon : la toilette quotidienne, par exemple mais aussi les exercices scolaires qui lui paraissent faciles et dépourvus de variété ou d'intérêt)	1	
12*	est très sensible à l'injustice, même s'il n'en est pas lui-même la victime	2	
13*	a le sens de l'humour	2	
14*	a souvent un très large vocabulaire, mais c'est surtout le niveau de ses réflexions qui étonne	2	
15*	aime les jeux compliqués (échecs, Mastermind, jeux de stratégie en général) et y réussit	2	
16*	s'il est déjà au collège, a été populaire auprès de ses camarades d'école, mais l'est moins maintenant	1	
17*	préfère travailler seul	2	
18*	est intéressé par l'univers, par le problème de l'origine de l'homme et par la préhistoire	2	
19*	est en tête de classe sans effort apparent	2	
20*	a un sens esthétique développé (musique, arts plastiques, mais aussi environnement), est sensible à l'harmonie de ce qui l'entoure	2	
21*	il est passionné par un ou plusieurs hobbies et il en change assez souvent	1	

Un score supérieur à 14 points pour les vingt et une questions : la précocité intellectuelle sera confirmée une fois sur deux par les tests d'intelligence.

Pour les enfants en échec scolaire, on retiendra les 13 questions avec astérisque. Les tests seront proposés pour un score supérieur à dix.

III. – Identification par les tests d'intelligence

> « On ne peut déterminer le niveau intellectuel d'un enfant que pour un ensemble d'épreuves, c'est la réussite de plusieurs épreuves distinctes qui est seule caractéristique. »
>
> Alfred Binet[1].

Les tests d'intelligence apparaissent plus fiables, infiniment plus fiables que toute autre approche, notamment celle de l'observation interpersonnelle, qu'elle soit le fait de parents, d'enseignants, de psychologues ou de psychiatres. Ces tests peuvent démêler le vrai du faux et nous surprendre par d'excellentes performances chez des enfants à l'apparence terne ou sans grand brio scolaire mais il est vrai, qu'ils peuvent aussi révéler des scores décevants chez des enfants diserts et dégourdis. Depuis qu'ils existent, ces tests ont permis de sauver d'un sombre renoncement d'innombrables enfants en échec scolaire, simplement parce que de grandes capacités jusqu'alors insoupçonnées ont été révélées.

1. A. Binet et Th. Simon, « Le développement de l'intelligence chez les enfants », *L'Année psychologique*, 1908, n° 14, p. 1-94.

Il y a quelque imprudence à évaluer l'intelligence, et plus encore à limiter une ambition scolaire sans s'aider de tests d'intelligence. Nous savons que nombre d'enseignants ou de conseillers d'orientation-psychologues contrarient des vocations en se fondant sur le seul critère des résultats scolaires, sans s'entourer des précautions qu'autorisent aujourd'hui les tests d'intelligence. **Ces pronostics scolaires au doigt levé sont à reléguer au rang des jeux de hasard.**

Aujourd'hui, les tests de David Wechsler sont les plus répandus dans le monde (voir chap. IV). La France ne fait pas exception. Ce sont la WPPSI-IV pour les enfants de 2 ans et 6 mois à 7 ans et 3 mois, le WISC-IV[1] pour les enfants de 6 à 16 ans et 11 mois, et la WAIS-IV pour les adultes de 16 à 79 ans et 11 mois.

Il existe de nombreux autres tests d'intelligence, par exemple la NEMI-2, la batterie K-ABC ou les matrices progressives de Raven. Ils présentent tous des particularités complémentaires aux tests de Wechsler, et parfois même décèlent avec plus de précision la précocité intellectuelle, mais ils n'atteignent pas le niveau de validité et d'universalité des échelles de Wechsler.

Les détracteurs des tests d'intelligence pourraient trouver du QI à moudre avec le WISC-IV, car, s'il offre les qualités requises de validité, il ne permet pas réellement d'apprécier les très hautes performances,

1. WPPSI-IV : Wechsler Preschool and Primary Scale of Intelligence, le IV signifiant 4e éd. WISC-IV : Wechsler Intelligence Scale for Children, 4e éd. ; une 5e éd., le WISC-V sera disponible en 2016 et contiendra cinq indices, en version papier et en version numérique interactive. WAIS-IV : Wechsler Adult Intelligence Scale, 4e éd.

puisqu'il est soumis à un *effet plafond* qui limite la cotation du QI à 155. Avec un test classique, par exemple le Terman-Merrill (du nom de deux psychologues américains qui ont adapté le test de Binet-Simon), cette limitation ne s'observe pas. En revanche, le score grimpe artificiellement avec l'âge. Ainsi, un QI de 125 à 6 ans atteint 140 à 12 ans. Autant dire que l'interprétation des tests requiert beaucoup de discernement.

Avec le WISC-IV, l'addition des quatre indices (voir chap. IV, encadré 4) permet d'obtenir un QI global. Tout écart important entre un indice et le QI global mérite une interprétation approfondie et suggère notamment la poursuite du bilan sous la forme d'examens plus ciblés, en s'aidant par exemple de tests d'attention, d'un bilan en orthophonie ou d'une consultation en orthoptie.

Les quatre indices du WISC-IV sont divisés en subtests (dix obligatoires, cinq optionnels). Tous n'offrent pas la même valeur pour identifier la précocité intellectuelle. Les enfants intellectuellement précoces obtiennent par définition un QI global égal ou supérieur à 130, mais nombre de ces enfants ne dépassent pas 110 pour les deux derniers indices, Mémoire de travail et Vitesse de traitement. C'est la raison pour laquelle il est généralement préconisé[1] de n'identifier la précocité intellectuelle que sur les seuls scores des deux premiers indices, l'indice de compréhension

1. Lire, par exemple, L. Kreger Silverman, B.J. Gilman et R.F. Falk, « Who Are the Gifted Using the New WISC-IV ? », Denver, Gifted Development Center.

verbale et l'indice de raisonnement perceptif et en particulier sur six subtests : Vocabulaire, Similitudes, Compréhension, Matrices, Identifications de concepts et Cubes. Une autre méthode de calcul dite du « profil potentiel[1] » analyse les réponses une à une et obtient un profil cognitif plus précis – notamment pour les précoces – en tenant compte du « dernier item répondu » ou DIR (les items ou questions étant classées par ordre de difficulté croissante).

Un score de QI global peut lisser les réelles capacités d'un enfant surdoué, car il mêle les exercices significatifs du surdon et ceux qui ne le sont pas, en particulier les tests chronométrés. Les enfants surdoués ne sont pas nécessairement plus rapides que les autres enfants. Leur tendance au perfectionnisme, leur goût de la réflexion (ils aiment notamment envisager un problème sous différents angles), leur sens critique (ils commencent à commenter les tests avant d'y répondre) et leur sens de l'humour (ils s'amusent du caractère cérémonial des séances de tests) peuvent les inciter à prendre leur temps. De surcroît, s'ils sont plus sensibles aux questions qui ont un sens, les enfants surdoués sont beaucoup moins inspirés par les tests qui n'en ont pas. Par exemple, ils préféreront réfléchir à une question sur le sens d'un mot (« Que signifie inimitié ? ») plutôt que de satisfaire à un subtest de récitation, telles les séquences lettres-chiffres (il faut donner dans l'ordre les chiffres, puis les lettres, après un énoncé mêlant chiffres et lettres, par exemple 1-m-9-a-5-g-6).

1. Lire É. Turon-Lagot, *WISC-IV. Une mesure des manifestations de l'intelligence chez l'enfant*, Paris, Turon-Lagot, 2012.

IV. – Identification par les tests de créativité

L'identification des surdoués se heurte à quelques approximations, notamment celles intéressant la définition de la précocité intellectuelle. La fiabilité du « diagnostic » clinique et neuropsychologique mérite aussi quelques progrès. Aussi est-il tentant d'élargir les protocoles d'identification en intégrant d'autres critères. Le United States Department of Education (www.ed.gov) – l'équivalent de notre ministère de l'Éducation nationale – préconise de recourir à cinq critères d'identification : l'intelligence, la réussite scolaire, la créativité, la réussite artistique et le talent relationnel. Il est possible qu'une perspective aussi vaste vienne bousculer quelque peu la définition de la précocité intellectuelle, mais il est probable aussi que la seule identification par le QI – telle qu'elle se pratique ordinairement – limite la valorisation de toutes les potentialités.

Les tests d'intelligence classiques ou standardisés valorisent la pensée abstraite et ne se préoccupent guère de talent artistique ou de créativité. Comme la majorité des études ne montre pas de lien entre précocité intellectuelle et créativité – les plus intelligents ne sont pas les plus créatifs et les plus créatifs ne sont pas les plus intelligents –, il ne semble pas impératif d'aller plus avant. Des tests spécifiques de créativité existent cependant, mais ils n'ont guère d'audience auprès des spécialistes, car la créativité apparaît peu corrélée à la réussite scolaire. La scolarité est souvent perçue comme un carcan logico-mathématique ou hypothético-déductif peu compatible avec la créativité. Et en effet, certaines études, notamment celles de Todd Lubart[1], ont montré que le développement de la pensée logique pourrait faire obstacle, à certaines périodes de l'enfance, au processus créatif. La créativité ou pensée divergente peut se définir comme la capacité d'imaginer plusieurs solutions originales pour résoudre un problème, par opposition à la pensée convergente qui propose *la* solution logique. Il est bien évident que la scolarité favorise plus le savoir convergent que la pensée divergente. D'autres études montrent cependant qu'il existe des liens entre la réussite scolaire et la créativité, comparables à ceux qui unissent la réussite et la précocité. C'est donc une question en suspens, mais dès à présent, de nombreux chercheurs et enseignants théorisent ou expérimentent une pédagogie de la créativité. Nous ne disposons en France que d'un seul test de créativité, c'est le *Test de pensée créative de Torrance* (voir chap. IV). Plusieurs études[2] décrivent un contour particulier à la personnalité des enfants et des adolescents qui obtiennent un bon score au test de Torrance ; elles citent notamment le sens de l'humour, la curiosité et la sensibilité. Toutes qualités que l'on retrouve précisément chez les enfants intellectuellement précoces...

1. T. Lubart (dir.), *Psychologie de la créativité*, Paris, Armand Colin, 2003.

2. Lire, par exemple, K. Yamamoto, « Validation of Tests of Creative Thinking : a Review of Some Studies », *Exceptional Children*, n° 31 (1965), p. 281-290.

V. – Diagnostic différentiel

Le *syndrome d'Asperger* et la précocité intellectuelle ont certes des traits communs, notamment un grand talent intellectuel ou une tendance à s'isoler. Pour autant, rien ne justifie de confondre un trouble autistique et un talent non pathologique. C'est à la fois l'ordinaire et l'art de la médecine que de distinguer deux troubles parfaitement indépendants alors qu'ils présentent des symptômes communs. En la circonstance, si l'on prend les critères diagnostiques du *DSM-V* ou de la *CIM-10*[1] pour le syndrome d'Asperger, nous pouvons retenir des signes qui relèvent spécifiquement de l'autisme. Par exemple, dans l'autisme on relève « une incapacité à établir des relations avec les pairs », mais pour l'enfant intellectuellement précoce, cette « incapacité » disparaît s'il peut partager les mêmes centres d'intérêt avec des enfants de son âge. Il est décrit aussi que l'enfant autiste « ne cherche pas spontanément à partager ses plaisirs ou ses réussites », mais pour l'enfant surdoué, s'il trouve le bon interlocuteur, le goût du partage est toujours observé, notamment sous la forme de questions « variées et originales ». La passion pour la lecture des enfants précoces n'est pas plus autistique que la passion des jeux vidéo de leurs camarades moins « intellos », mais curieusement on s'inquiète des

1. Le *DSM-V* ou *Diagnostic and Statistical Manual of Mental Disorders* et le chapitre V de la *CIM-10* ou *Classification internationale des maladies* sont les deux références psychiatriques mondiales, la première proposée par l'Association américaine de psychiatrie (APA), la seconde par l'Organisation mondiale de la santé (OMS).

enfants grands lecteurs, tandis que l'on se contente de gronder les enfants qui ne « décollent » pas de l'écran. Chez l'enfant atteint du syndrome d'Asperger, on peut noter aussi un « manque de réciprocité sociale ou émotionnelle », rien de tel ne s'observe chez l'enfant précoce qui fait souvent montre de sensibilité, d'humour et d'empathie. On décrit aussi chez les enfants autistes le « caractère restreint, répétitif et stéréotypé des comportements, des intérêts et des activités », à l'exact opposé des passions ouvertes, partagées, inventives et imaginatives des enfants précoces. Sauf exception, les signes du syndrome d'Asperger et la personnalité des enfants précoces ne peuvent être confondus, mais il est vrai que nombre de paramètres peuvent entretenir de telles confusions, par exemple l'imprécision descriptive de certains symptômes ou la tendance spontanée des parents et des médecins à l'hypocondrie par procuration.

L'*hyperactivité* ou *TDA/H* est l'autre diagnostic fréquemment confondu avec la précocité intellectuelle. Le TDA/H ou trouble avec déficit de l'attention *avec ou sans* hyperactivité (TDA/H) associe dans des proportions diverses l'inattention, l'impulsivité et l'agitation. La logique qui lie à tort l'hyperactivité et la précocité relève d'une intuition et d'une illusion. L'intuition nous dicte qu'un enfant précoce qui s'ennuie a toutes raisons de se disperser et de s'agiter. L'illusion procède de la confusion entre la minorité précoce et hyperactive qui consulte et qui se retrouve donc sur le devant de la scène et la majorité silencieuse des enfants précoces qui ne consultent jamais. Les statistiques montrent qu'il n'est pas plus d'hyperactifs chez les précoces et pas plus de précoces chez les hyperactifs. Nous avons mis en référence ces études au chapitre sur les « risques de la précocité intellectuelle ». Le fait qu'il existe des symptômes « faux amis », c'est-à-dire des signes communs entre l'hyperactivité et la précocité, ne justifie aucunement une assimilation diagnostique, d'autant que ces signes ont souvent une expression contextuelle chez l'enfant précoce et un caractère persistant et hors d'atteinte chez les enfants hyperactifs, pour lesquels les troubles s'observent « depuis toujours et en tous milieux ». Ainsi, l'enfant précoce peut se distraire ou s'agiter en classe, mais si on lui offre un cadre scolaire stimulant, ses progrès peuvent être immédiats. L'enfant précoce parvient à se contrôler ou à se justifier, alors que l'hyperactif exprime souvent son incapacité à maîtriser son impulsivité.

Chapitre VI

PERSONNALITÉ DES ENFANTS PRÉCOCES

> « Un enfant grandit quand il cesse de demander d'où il vient et quand il commence à refuser de dire où il va. »
>
> Proverbe britannique

I. – Relativité d'un portrait type

Si un observateur attentif peut identifier un enfant intellectuellement précoce sur quelques critères de développement ou de personnalité, rappelons qu'il convient de toujours prendre la précaution de confirmer l'identification clinique par un bilan psychologique et notamment par un test d'intelligence. Cette prudence s'impose, car il existe peu de signes spécifiques, et tous n'ont pas la même valeur pronostique. Une avance du développement telle que l'acquisition de la lecture à 4 ans donne, par exemple, plus de fiabilité en faveur de la précocité intellectuelle que le sens de l'humour, le sens de la justice ou l'hypersensibilité souvent décrits chez les enfants précoces. En effet, si le sens de l'humour peut représenter une assez bonne définition de l'intelligence, il n'est cependant pas donné à tous les enfants brillants de s'y exercer ou même de l'apprécier.

De même, le sens de la justice, qui peut apparaître comme la résultante de l'intelligence et de l'hypersensibilité – l'intelligence donnant très tôt la compréhension du bien et du mal et la sensibilité offrant la possibilité d'en souffrir –, ne s'observe pas chez tous les enfants précoces. Il serait tentant, mais peut-être imprudent, de conclure, par exemple, que cet enfant de 4 ans qui perd volontairement à un jeu pour faire plaisir à son camarade est un enfant précoce. Même si le fait est exceptionnel à cet âge et, à dire vrai, à tous les âges.

Le présent chapitre propose un portrait type de l'enfant précoce, mais la diversité du niveau des surdons donne à ce portrait une valeur relative. Ainsi, la comparaison de deux enfants surdoués, l'un avec un QI de 130 et l'autre avec un QI de 160, risque de n'offrir que peu de points communs. Pour le premier, le pronostic scolaire et social est plutôt bon. Pour le second, les risques d'inadaptation sont plus élevés. Dans une étude[1], on pose à un enfant de 7 ans disposant d'un QI de 180 une question simple : « Quel est le rôle d'un médecin ? » Il semble dans l'incapacité de répondre, alors que les enfants non précoces de son âge donnent le plus souvent une bonne réponse. Mais cet enfant au QI exceptionnel explique qu'il ne peut répondre, car il existe beaucoup trop de façons d'exercer la médecine. Citons[2] aussi cet enfant de 8 ans, d'un QI tout aussi élevé, qui avait créé

1. D.V. Lovecky, *Different Minds*, Londres et New York, Jessica Kingsley, 2004.
2. L.S. Hollingworth, *Children Above 180 IQ*, New York, World Book, 1942.

un nuancier de 300 mots pour désigner toutes les couleurs. Les enfants de très haut potentiel développent souvent un goût immodéré et perfectionniste de la précision et de la logique, que l'on ne retrouve pas nécessairement chez les « surdoués ordinaires ».

II. – Curiosité intellectuelle

Les enfants précoces font preuve d'une grande curiosité intellectuelle sur des sujets scientifiques ou métaphysiques, à un âge ou ordinairement les préoccupations sont tout autres. Ces interrogations se doublent d'un vrai plaisir des jeux du langage, des mots, de leur sonorité et de leur signification. Les questions sont souvent empreintes tout à la fois de naïveté, d'originalité et de créativité. Si l'on veut trouver une trame commune aux centres d'intérêt apparemment hétéroclites des enfants surdoués, il faut probablement retenir la question de l'intelligibilité du monde et notamment celle de ses origines. L'origine de l'homme, de l'univers, de l'espace et du temps. Autant de questions passionnantes, réjouissantes et inquiétantes sur la mythologie, l'astrophysique, la préhistoire, la biologie, la médecine... L'école et la famille n'ont pas toujours le temps ou la capacité de donner réponse à tout, et comme la lecture est aussi un plaisir, alors les romans, les encyclopédies, les dictionnaires et Internet offrent d'immenses champs de découverte. Parfois, la métaphysique cède le pas à l'expression artistique, par exemple le dessin ou la musique. Mais dans un domaine ou dans un autre, ces passions s'épuisent parfois subitement sans que rien le laisse toujours prévoir. La curiosité des enfants précoces se nourrit d'une pensée rapide, inventive et perspicace, mais elle peut manquer d'endurance et donc ne pas toujours s'accompagner de « studiosité » (j'emprunte ce terme désuet à saint Thomas d'Aquin qui opposait la *curiositas* – vicieuse – à la *studiositas* – vertueuse – ; nous ne retiendrons pas l'appréciation morale que porte le Père de l'Église sur cette distinction, mais il faut reconnaître que pour les enfants précoces confrontés à l'échec scolaire, l'opposition entre curiosité et studiosité est plutôt pertinente).

La fausse note ? Les centres d'intérêt des enfants précoces sont souvent fort éloignés de ceux des autres enfants de leur âge. Tous les enfants de 8 ans ne sont pas passionnés par l'astrophysique. Il existe alors un risque d'isolement, contraignant ces enfants à se trouver des amis plus grands ou à faire semblant de s'intéresser aux jeux de leurs camarades. Mais leurs tentatives peuvent être vaines, et ils ont parfois de la peine à comprendre et à vivre leur solitude.

III. – **Hypersensibilité**

Il semble que les enfants à haut potentiel ne se distinguent pas seulement par leurs capacités intellectuelles, mais aussi par nombre d'autres composantes de la personnalité. Les enfants précoces présentent souvent une hypersensibilité affective et émotionnelle qui explique, accompagne ou majore leur sens de la justice et de la compassion et leur goût de la vérité et de l'équité. Nous ne savons pas précisément si cette hypersensibilité est une caractéristique indépendante de l'« hypercognition » ou si tout simplement elle témoigne des difficultés existentielles des enfants précoces[1]. Le terme d'hypersensibilité est un peu flou, et d'aucuns lui préfèrent la notion d'hyperstimulabilité[2] qui se décline en cinq formes : psychomotrice (énergie physique débordante), sensuelle (exacerbation sensorielle pour les sons, les odeurs, les matières...), imaginaire (inventivité ludique, rêverie), intellectuelle (goût pour la connaissance et le questionnement) et enfin émotionnelle (vécu affectif et émotionnel intense, autant pour la joie que pour la tristesse, ou même pour l'inhibition, par exemple la timidité). Il existe plusieurs questionnaires permettant d'évaluer l'hyperstimulabilité, par exemple l'OEQ (Over Excitability Questionnaire). Quelques études réalisées à l'aide de ce questionnaire ont montré des scores significativement plus élevés pour les enfants et les adolescents à haut potentiel dans les registres sensoriels et émotionnels, en comparaison d'un groupe témoin.

À l'appui de ces observations, il faut citer une expérience[3] réalisée sur trois groupes de 20 élèves âgés de 12 à 14 ans. Le premier groupe d'enfants est composé de surdoués, le deuxième de bons élèves mais non surdoués et le troisième d'élèves moyens. Tous ces enfants sont confrontés à une situation d'échec artificiellement

1. Lire L.F. Lowenstein, *The Psychological Problem of Gifted Children*, Knebworth, Pullen Publications, 1981.

2. Lire Kazimierz Dabrowski, psychiatre polonais (1902-1980).

3. Citée par A. Robinson et P. Clinkenbeard, « Giftedness : an Exceptionality Examined », *Annual Review of Psychology*, n° 49 (1998), p. 117-139.

provoquée. En comparant les réactions des élèves de ces trois groupes, il apparaît que les surdoués réagissent émotionnellement et physiologiquement de façon plus intense et plus négative.

Si l'exploration des capacités cognitives des enfants précoces a fait l'objet de nombreux travaux, il n'en va pas de même pour l'étude de leurs capacités affectives et émotionnelles. Il faut le constater à regret, car si le surdon cognitif est un facteur incontestable de réussite scolaire et sociale, le surdon émotionnel pourrait représenter un obstacle. La présence ou l'absence de cette hypersensibilité émotionnelle pourrait expliquer que de nombreux enfants précoces semblent freinés par leurs tourments pendant que d'autres filent tout droit vers le succès. Sur le modèle du TDA/H (trouble avec déficit de l'attention *avec ou sans* hyperactivité), nous proposons – avec Anne Crignon de *L'Obs* qui m'a inspiré l'idée de cette formulation – de désigner les enfants d'un nouvel acronyme : EIP/H, qui signifie enfant intellectuellement précoce *avec ou sans* hypersensibilité.

IV. – **Sens de l'humour**

Les surdoués ont, selon toute apparence, de belles dispositions à l'humour. Ce mode de communication rapide, elliptique et virtuose semble un bon indice du talent et à tout le moins parfaitement compatible avec l'intelligence. Mais les psychologues, et ils ont raison, se méfient un peu de l'apparence, et ils ont tenté, comme pour d'autres fonctions cognitives, de le vérifier par des tests. S'il n'est pas trop difficile, par exemple, de concevoir des tests pour éprouver la mémoire (il suffit d'interroger sur des dates ou des faits), circonscrire l'humour apparaît beaucoup plus ambitieux. L'humour relève certes d'une certaine compréhension intellectuelle, mais la subjectivité participe grandement de notre plaisir à rire d'un jeu de mots ou d'un trait d'esprit. Nous savons, à Marseille comme ailleurs, qu'un calembour peut être compris sans pour autant susciter le moindre sourire. Entre l'humour graveleux que ne détestent pas les adolescents même surdoués et les mots d'esprit, il y a un monde que ne sont pas prêts de démêler les tests existants, comme, par exemple, les questionnaires de Richmond ou de Svebak[1]. Une étude récente portant spécifiquement sur le sens de l'humour des enfants surdoués[2] offre une conclusion plutôt décevante : les surdoués n'ont pas plus le sens de l'humour que leurs camarades, ils en franchissent seulement plus vite les étapes, notamment celle des jeux de mots qu'ils comprennent plus vite et plus tôt. Une autre recherche[3] intéressant des enfants de 8 à 11 ans montre que les surdoués sont rarement désignés comme l'« amuseur » de la classe. En revanche, leurs devoirs recèlent plus d'apartés humoristiques.

1. L'universitaire norvégien Sven Svebak est aussi l'auteur de la célèbre étude concluant que le sens de l'humour favorise la longévité.

2. D. Bergen, « Gifted Children's Humor Preferences, Sense of Humor, and Comprehension of Riddles », *International Journal of Humor Research*, vol. 22, n° 4 (2009), p. 419-436.

3. C. Parenty, « L'humour chez l'enfant intellectuellement précoce », *ANAE*, n° 81, t. I (2005), p. 29-34.

Chapitre VII

LES RISQUES DE LA PRÉCOCITÉ INTELLECTUELLE

Le vrai et le vraisemblable ne coïncident pas toujours. Ainsi, il peut apparaître plausible que les enfants précoces, soumis trop tôt à la compréhension des sombres réalités de l'existence, ne viennent à se tourmenter davantage que leurs petits camarades protégés par leur innocence. Mais les faits – à tout le moins ceux que les études observent – ne le confirment pas.

I. – La dépression

L'idée selon laquelle la précocité intellectuelle serait un facteur de risque de dépression est très largement affirmée. Elle repose sur l'évidence d'une vulnérabilité propre aux enfants et aux adolescents précoces. Il peut en effet être plus éprouvant de s'interroger plus tôt et avec plus d'acuité sur le sens de la vie et de la mort, d'être soumis aux tourments de l'injustice (les surdoués sont souvent idéalistes) et d'être confronté à la solitude ou à l'incompréhension. Si l'on peut identifier les causes spécifiques du mal-être existentiel des surdoués, une étude[1] a permis de préciser quelques « symptômes subtils de dépression » survenant chez les enfants à haut potentiel. Il s'agit notamment du retrait social (à ne pas confondre avec l'isolement social imposé par l'entourage) ou de l'excès d'intellectualisation. Néanmoins, et même dans l'hypothèse où les déterminants et l'expression de la dépression chez ces enfants requièrent quelques spécificités, cela signifie-t-il qu'ils dépriment plus que les autres ? La réponse est non, si l'on en croit les revues de littérature et les méta-analyses portant sur le sujet. De surcroît, il semble que les enfants et les adolescents précoces disposent de plus grandes capacités de résilience face à l'adversité et à la dépression. Peut-être avons-nous tous de bonnes raisons de déprimer[2], mais il est probablement plus de raisons de s'attrister d'une intelligence moyenne contraignant à des études laborieuses que de s'inquiéter d'une intelligence laissant espérer une grande réussite, même s'il faut la payer de quelques dyssynchronies (voir chap. IV).

La majorité des études sur les idées et les actes suicidaires concluent également à une absence de risque spécifique chez les enfants précoces. Ainsi, l'étude de Jean Baker[3], qui compare élèves surdoués et non surdoués d'un âge moyen de 13 ans, retient des scores

1. P.S. Jackson, « A Phenomenological Study of Depression as a Window into the Psyche of the Gifted Adolescent », *Roeper Review*, vol. 20, n° 3 (1998).

2. Qui a écrit : « L'humanité est une vallée de larmes. Ce qui est étonnant, ce n'est pas que l'on déprime, mais que l'on ne déprime pas » ?

3. J.A. Baker, « Depression and Suicidal Ideation among Academically Talented Adolescents », *Gifted Child Quarterly*, vol. 39,

comparables pour les niveaux de dépression et d'idées suicidaires (le questionnaire utilisé est le RADS, Reynolds Adolescent Depression Scale). Là aussi, les chiffres paraissent contredire les arguments de vraisemblance incitant à craindre un risque suicidaire accru chez les enfants ou les adolescents soumis aux tourments du surdon. Il faut peut-être retenir soit que la souffrance des enfants moyens n'a rien à envier à celle des enfants précoces, soit que la précocité intellectuelle s'accompagne de bonnes capacités de résistance.

II. – **L'anxiété**

L'anxiété se définit comme une peur sans objet ou comme une peur excessive par son intensité ou sa durée. Elle peut relever du tempérament, c'est l'« anxiété-trait » qui se définit comme une tendance à appréhender à l'excès toute situation adverse ou simplement nouvelle. Pour les enfants précoces, il est souvent décrit une tendance spécifique à l'anxiété. Il apparaît en effet cohérent que des enfants exposés non seulement à une interrogation plus lucide et donc plus éprouvante sur le sens et les risques de l'existence, mais également à une hyperréactivité affective et émotionnelle puissent développer plus que d'autres des troubles anxieux de toute nature. Mais pour l'anxiété comme pour la dépression, les études ne confirment pas ces « évidences intuitives » : les

n° 4 (1995), p. 218-223. Précisons que cette étude pourrait comporter un biais de recrutement : il fallait un consentement parental et, dès lors, il se peut que les enfants les plus fragiles soient sous-représentés.

enfants précoces ne sont pas plus anxieux que les autres enfants, ils le seraient même moins ! De nombreuses études concluent en ce sens. Citons notamment l'étude de Reynolds et Bradley[1] portant sur 465 enfants surdoués comparés à 329 enfants aux capacités cognitives moyennes. Cette recherche s'est basée sur des échelles d'anxiété, notamment la R-CMAS (Revised Children's Manifest Anxiety Scale). Les résultats montrent un niveau d'anxiété inférieur pour les enfants surdoués (*gifted children*) ainsi – ceci expliquant peut-être cela – qu'une moindre exposition à des problèmes existentiels. Une autre étude conduite par Derevenksy et Coleman[2] a tenté de préciser le contenu des thèmes anxieux des enfants surdoués en comparaison de ceux qui tourmentent les autres enfants. Pour ce faire, ils ont interrogé sur leurs peurs 70 enfants surdoués (QI supérieur à 130) âgés de 8 à 13 ans : « Qu'est-ce qui vous fait peur ? » Entre les enfants surdoués et les enfants témoins, on note une différence de contenu (les thèmes des craintes des enfants précoces sont en avance sur leur âge), mais les niveaux d'anxiété entre les deux groupes ne se distinguent pas par l'intensité.

Cependant, une nuance doit être apportée. Les études qui montrent des niveaux d'anxiété identiques entre sujets précoces et sujets non précoces portent

1. C.R. Reynolds et M. Bradley, « Emotional Stability of Intellectually Superior Children versus Nongifted Peers as Estimated by Chronic Anxiety Levels », *School Psychology Review*, vol. 1, nº 2 (1983), p. 190-194.

2. I. Derevensky et E.B. Coleman, « Gifted Children's Fears », *Gifted Child Quarterly*, vol. 33, nº 2 (1989), p. 65-68.

principalement sur des enfants. Les rares études portant sur l'anxiété d'adolescents ou de jeunes adultes surdoués montrent quelques différences. L'étude de Josie Tong et Carolyn Yewchuck[1], qui compare 39 étudiants surdoués à 39 étudiants témoins, met en évidence un niveau d'anxiété plus élevé chez les premiers.

III. – L'hyperactivité ou le TDA/H

L'hyperactivité peut être confondue avec la précocité intellectuelle ou apparaître comme une résultante de la précocité. Nous distinguons ces deux angles, le premier comme diagnostic différentiel dans le chapitre IV sur l'identification, le second comme un risque dans ce chapitre.

Le terme même d'hyperactivité semble ne désigner que l'agitation. En réalité, il concerne au moins trois groupes de symptômes que sont l'inattention, l'impulsivité et en effet l'agitation. Pour mieux préciser la complexité de ce syndrome, il faut lui préférer le terme de TDA/H qui signifie trouble avec déficit de l'attention *avec ou sans* hyperactivité. Le *avec ou sans* précisant que le TDA/H peut se décliner en trois formes cliniques, l'une avec inattention prédominante (donc avec une agitation discrète ou absente), la deuxième avec hyperactivité et impulsivité prédominante (avec de discrets troubles de l'attention) et enfin une troisième forme dite

1. J. Tong et C. Yewchuk, « Self Concept and Sex-Role Orientation in Gifted High School Students », *Gifted Child Quarterly*, vol. 40, n° 1 (1996), p. 15-23.

mixte, la plus fréquente, associant l'ensemble des trois groupes de symptômes.

Certes, il existe des symptômes apparemment communs entre l'hyperactivité et la précocité intellectuelle, mais l'inattention et l'agitation prennent une place centrale dans le TDA/H, alors qu'elles ne sont que réactionnelles et circonstancielles chez l'enfant précoce, notamment à l'école si la curiosité intellectuelle de l'enfant est bridée, par désintérêt (en classe, les surdoués comprennent vite et s'ennuient le reste du temps[1]) ou par coercition (le sens critique passe pour de l'arrogance et le sens de l'humour pour de l'insolence). Les statistiques, cependant, semblent indiquer que les prévalences du TDA/H chez les surdoués ou du surdon chez les TDA/H ne diffèrent pas de celles rencontrées dans la population générale. Citons notamment une étude[2] portant sur 400 enfants diagnostiqués hyperactifs issus d'une cohorte de naissances de 5 718 enfants. Ceux-ci ont été classés en trois groupes, selon leur niveau de QI : faible (QI inférieur à 80), normal (entre 80 et 120) et élevé (supérieur à 130). Entre ces trois groupes, il n'est observé aucune différence significative pour la prévalence du TDA/H.

1. « L'inattention en classe peut aussi survenir quand les enfants avec un haut niveau d'intelligence évoluent dans un environnement académique insuffisamment stimulant pour eux », *DSM (Diagnostic and Statistical Manual of Mental Disorders)*, publié par l'APA (Société américaine de psychiatrie).

2. Maja Z. Katusic, « Attention-Déficit/Hyperactivity Disorder in Children with High IQ : Results from a Population-Based Study », *Journal of Developmental & Behavioral Pediatrics*, vol. 32, n° 2 (février-mars 2011), p. 103-109.

La prévalence du TDA/H chez les enfants précoces semble donc identique à celle des enfants lambda. Pour tous les écoliers, précoces ou non, le TDA/H représente un obstacle à la réussite scolaire d'autant plus élevé qu'il n'est pas diagnostiqué. Mais il est vrai que pour les enfants précoces, le TDA/H peut passer inaperçu, car le surdon peut compenser les troubles de l'attention et maintenir les notes à un niveau satisfaisant. Cette compensation s'observe surtout à l'école primaire, mais elle ne se poursuit que rarement dans le secondaire. Le diagnostic de TDA/H, cependant, est loin d'être assuré : il sera bien plus simple d'invoquer la crise d'adolescence pour expliquer la chute des notes ! Le schéma selon lequel les enfants précoces s'ennuient en classe, et donc sont inattentifs du seul fait de leur surdon, mérite aussi d'être considéré avec quelque circonspection. Ce schéma a toutes les apparences du bon sens ; en effet, un enfant brillant peut s'ennuyer en classe faute d'une stimulation intellectuelle suffisante, mais il faut aussi retenir l'éventualité d'un scénario inverse : l'enfant TDA/H est dans l'incapacité d'être attentif et de se concentrer, donc il s'ennuie. Et lorsque l'enfant est à la fois TDA/H et précoce, il est souvent difficile de démêler le jumelage de l'ennui par l'inattention et de l'inattention par l'ennui.

Tout, cependant, ne semble pas négatif dans l'association entre le TDA/H et le surdon, quelques études ont montré que cette alliance pouvait favoriser la créativité. Par ailleurs, nous savons que le TDA/H élève le risque d'un usage de substances toxiques ou de comportements antisociaux, la bonne nouvelle étant que ce risque est faible chez les surdoués hyperactifs. Le haut potentiel, qui offre un supplément d'états d'âme, atténuerait la tendance aux brusqueries comportementales des hyperactifs.

Les enfants de haut potentiel apparaissent souvent comme étant très imaginatifs. C'est un talent de plus. Il donne de l'inventivité et de l'originalité à leur vie familiale et amicale, mais ce talent s'exerce aussi dans la vie scolaire, même dans des domaines où la fantaisie n'est guère de mise, par exemple pour la résolution de problèmes mathématiques (quelques classiques : « Je ne sais pas comment il a fait, mais il a trouvé le bon résultat », ou « il n'emploie pas la bonne méthode, mais c'est tout de même bon »). Il semble que l'ingéniosité des enfants précoces soit liée à une capacité à jongler simultanément avec toutes les facettes possibles d'une problématique, en ajoutant à la dimension factuelle des intuitions fulgurantes, mais aussi des perceptions symboliques et métaphoriques[1]. L'imagination de ces enfants leur offre plus de disponibilité pour l'enchantement et l'émerveillement, mais également plus de vulnérabilité pour appréhender l'existence. Il existe apparemment un triple lien entre haut potentiel, hyperréactivité imaginative et TDA/H, car les excès de l'imagination favorisent la distractibilité et la dissipation. Rien n'est décidément simple dans le royaume des enfants surdoués.

1. M.M. Piechowski, « Emotional and Spiritual Giftedness », in N. Colangelo et G.A. Davis (dir.), *Handbook of Gifted Education*, Boston, Allyn & Bacon, 2002.

IV. – Les troubles du sommeil

Nombre d'études concernant le sommeil des enfants intellectuellement précoces s'accordent pour retenir que ces enfants ont plus de difficultés à s'endormir. Il est cependant intéressant de noter que les Français retiennent plus souvent l'explication de l'anxiété, les enfants précoces ajoutant à la classique peur de la nuit leur lucidité et leur imagination anxiogènes pendant que les Anglo-Saxons préfèrent la thèse de l'hyperstimulation d'une pensée fourmillant d'idées et de projets (« mais maman, je ne peux pas aller dormir, mon cerveau ne s'éteint pas », témoignage glané sur un forum américain).

En toute hypothèse, les surdoués enfants et adultes seraient mieux représentés dans le groupe des petits dormeurs. Mais globalement, la différence de durée du sommeil n'apparaît que de peu d'importance entre les enfants précoces et les autres. De l'ordre de 3 %, pour une étude[1] portant sur 400 enfants dont l'âge moyen est de 9 ans, la durée moyenne de temps de sommeil est de six cent dix minutes pour les enfants surdoués contre six cent trente-cinq pour les enfants témoins. La diminution du temps de sommeil soustrait à la fois l'heure du coucher – plus tardive – et l'heure du lever – plus matinale. La différence est statistiquement significative, mais elle n'est pas démonstrative, d'autant

1. J. Louis, O. Revol, F. de Magneval, M.T. Amato et P. Fourneret, « Sommeil et précocité », *ANAE*, vol. 15, n° 73 (2003), p. 151-158.

que comme nombre d'enfants précoces dorment plus longtemps que la moyenne, la question reste posée d'un lien déterminant entre précocité intellectuelle et temps du sommeil.

L'analyse de la structure du sommeil apparaît plus intéressante. Des cinq phases du sommeil, il semble que le nombre et la durée des phases de sommeil paradoxal soient plus élevés chez les enfants précoces. Or, précisément, cette phase de sommeil paradoxal est corrélée avec la capacité de mémorisation et la plasticité cérébrale. Aussi est-il possible d'établir un lien entre la durée du sommeil paradoxal et la précocité intellectuelle. D'autant que, à l'inverse, le temps de sommeil paradoxal est significativement plus faible chez les déficients intellectuels.

Il est noté également chez les enfants précoces une forte propension aux rêves et aux cauchemars. Dans l'étude citée, les cauchemars sont plus fréquents chez les enfants précoces en comparaison d'enfants témoins (30 % contre 16 %), même constat pour la peur du noir (40 % contre 23 %) et pour le sommeil agité (28 % contre 13 %). La fréquence accrue des cauchemars pourrait être liée à l'augmentation du temps de sommeil paradoxal (puisque les rêves sont plus nombreux pendant cette phase), à une hyperexcitabilité cérébrale, à une meilleure mémorisation ou enfin à l'anxiété hexagonale déjà évoquée. D'autres troubles du sommeil, par exemple le somnambulisme ou l'énurésie, sont parfois cités comme s'observant plus fréquemment chez les enfants surdoués, mais les études épidémiologiques ne le confirment pas.

V. – **Les dyssynchronies**[1]

Comme son nom l'indique, la précocité intellectuelle désigne la seule composante cognitive du développement de l'enfant. Il n'y a pas nécessairement de concordance entre les différentes composantes du développement. Il y a bien sûr l'évidence du contraste entre les capacités intellectuelles et l'apparence physique. Mais d'autres domaines du développement peuvent présenter des dyssynchronies. Ainsi, un enfant précoce peut maîtriser la lecture à l'âge de 4 ou 5 ans, mais sans pour autant parvenir à l'habileté motrice de l'écriture. Cet écart chronologique entre le développement intellectuel et le développement psychomoteur est appelé *dyssynchronie intelligence-psychomotricité*. Il est vrai que les enfants à haut potentiel bénéficient également d'une avance psychomotrice, mais comme celle-ci est bien moindre que l'avance intellectuelle, il peut subsister un écart important.

Les enfants précoces peuvent découvrir seuls la lecture, sans apprentissage et même sans y avoir été incités. La facilité pour la lecture peut encourager l'enfant ou l'entourage à espérer les mêmes prouesses pour l'écriture. Mais le plus souvent, il n'en est rien, car la précocité de la lecture n'augure pas toujours la maîtrise de l'écriture. Car si l'écriture obéit à l'intellect, elle est également soumise à l'habileté graphomotrice. Pour de nombreux enfants, l'ambition de l'écriture se heurte à l'impuissance

1. Ce terme créé par Jean-Charles Terrassier, pionnier dans l'étude des surdoués en France, est repris aujourd'hui dans la littérature médicale internationale.

motrice. À cet égard, il importe de distinguer la dyssynchronie de la dysgraphie ; schématiquement, la première est la norme avant l'âge de 6 ans, la seconde, après cet âge, concerne une maladresse gestuelle plus étendue. Un enfant précoce qui saute une classe de maternelle et qui arrive au cours préparatoire avec toutes les facilités intellectuelles de ce niveau, mais sans l'aptitude à la maîtrise graphique de l'écriture, peut – là aussi, très précocement – se confronter à l'échec. Il peut éprouver ressentiment et mésestime de soi. Le principal test d'intelligence adapté aux enfants de cet âge, le WPPSI-III ne comporte plus d'épreuve graphique contrairement au WPPSI-R qui le précédait. Jean-Charles Terrassier préconise d'ajouter une épreuve graphique au bilan intellectuel avant de donner un avis sur un éventuel passage anticipé au CP, pour s'assurer de la capacité d'apprentissage de l'écriture. Les enfants précoces sont au moins aussi vulnérables à l'échec que les autres enfants.

Le développement intellectuel précoce ne s'accompagne que rarement d'un développement affectif de même niveau. Il existe alors une *dyssynchronie intelligence-affectivité* qui n'est pas sans étonner les parents, qui s'inquiètent ou à tout le moins s'amusent d'un enfant qui connaît, par exemple, tous les secrets des galaxies noires, mais continue à craindre de s'endormir dans le noir. Mais ceci explique cela. L'enfant n'a pas plus de maturité affective que son âge ne le lui permet, mais il a plus d'acuité intellectuelle pour percevoir les dangers de l'existence, plus d'imagination pour en inventer de nouveaux et plus de sensibilité pour les craindre.

L'école impose aux enfants une forme de standardisation de la progression des acquisitions scolaires fondée sur l'âge réel. Pour les déficients intellectuels, dont l'âge mental est en retrait sur l'âge réel, les difficultés scolaires sont aisément et rapidement perceptibles. Il n'en va pas de même pour les enfants de haut potentiel soumis à l'ennui, au désintérêt et au désœuvrement, faute d'une offre scolaire à la hauteur de leur passion pour l'acquisition des connaissances. Que leur importe en effet d'apprendre la conjugaison ou le calcul, s'ils lisent déjà Victor Hugo ou se passionnent pour l'astrophysique. L'attention oscille selon le niveau de difficultés, l'enfant précoce s'éveille à la complexité et s'assoupit à la simplicité. C'est l'effet Everest décrit par Edward de Bono[1]. Ces enfants subissent alors une forme de dyssynchronie scolaire. La passion et la curiosité intellectuelle des enfants précoces ne coïncident que rarement avec le pâle contenu des programmes scolaires. L'enfant peut cependant fuir l'affrontement et tenter une stratégie d'adaptation normative pour se fondre dans la classe et se conformer aux attentes des enseignants et des camarades. C'est l'effet Pygmalion négatif décrit par Jean-Charles Terrassier[2]. Si l'enfant perçoit sa différence de façon positive, il peut se mettre en retrait par stratégie, mais s'il éprouve quelque tourment, il peut se méjuger et s'éteindre intellectuellement.

1. Lire E. de Bono, *Réfléchir vite et bien*, Paris, Eyrolles, 2011.
2. Lire J.-Ch. Terrassier, *Les Enfants surdoués ou la Précocité embarrassante*, Paris, ESF Éditeur, 2014.

Les parents peuvent être déconcertés par les questionnements scientifiques et métaphysiques de leurs bambins précoces. Ils peuvent être à la peine pour répondre, de peur de commettre une maladresse sur des sujets délicats, par exemple sur la mort ou la sexualité, ou même craindre d'encourager une curiosité qu'ils jugent morbide. Si la famille est en retrait social et culturel sur ses attentes, l'enfant peut découvrir qu'il grandit avec des proches peu aptes à comprendre ses centres d'intérêt et préférer alors les partager avec d'autres. Cette dyssynchronie familiale peut donner un sentiment de déloyauté et provoquer alors un sentiment de culpabilité.

Les enfants précoces préfèrent souvent la compagnie d'enfants plus âgés ou d'adultes, mais ils doivent passer le plus clair de leur vie scolaire avec des camarades du même âge, avec lesquels les échanges sont parfois difficiles, car ils partagent peu de goûts et de jeux en commun. Hugo, 6 ans : « Je n'ai pas beaucoup d'amis à l'école ; c'est peut-être parce que je ne suis pas beau. Je fais des efforts pourtant, j'apporte des cartes Pokémon, et je joue au foot, alors que ça ne m'intéresse pas du tout. » L'isolement affectif n'est pas la seule souffrance des enfants précoces en mal de camaraderie, il provoque aussi un désintérêt[1] plus global pour l'école, l'une des principales motivations des enfants pour l'école étant d'y retrouver leurs camarades. Ces petits et grands tourments participent très probablement du paradoxal échec scolaire des enfants surdoués.

1. J.J. Gallagher et T. Crowder, « The Adjustement of Gifted Children in the Regular Class-Room », *Exceptional Children*, vol. 23 (1957).

VI. – L'échec scolaire

S'il existe un lien axiomatique entre les capacités intellectuelles et la réussite scolaire, il est tout aussi probant que ce lien peut être distendu si la motivation vient à manquer. Le classique « peut mieux faire » en est l'illustration immémoriale. Chez l'enfant surdoué, l'échec scolaire ou la « sous-réalisation » – c'est le terme convenu – peuvent être ponctuels ou prolongés et relever de multiples causes, il peut s'agir notamment de troubles de la personnalité ou de difficultés avec les proches, les pairs ou les enseignants, mais d'autres causes sont plus spécifiquement associées à la précocité intellectuelle.

Bien que nous ne disposions pas de statistiques fiables dans ce domaine, la réalité de l'échec scolaire chez les enfants surdoués ne fait aucun doute. Dès la maternelle, les enfants précoces qui ont appris à lire par eux-mêmes ne s'amusent plus à entendre leurs camarades balbutier et ânonner quelques lettres de l'alphabet pendant qu'ils rêvent de découvrir le monde. C'est le commencement de la mise en veilleuse de l'intelligence. Ces enfants se résignent ou se révoltent à faire des exercices insipides alors qu'ils se plongent dans de vrais livres à la maison. Ils aiment l'effort dans la passion et le succès dans l'excellence, mais ils sont contraints à la facilité et à l'oisiveté. Leur insupportent aussi – qu'ils soient dociles ou insolents – les contraintes de la conformité, celle des maîtres autant que celle de leurs camarades. Les maîtres pour le lent ordonnancement des cours, les élèves, pour l'insipidité de leurs goûts. Une seule issue pour nombre d'enfants précoces, se résigner à la frustration ou à la somnolence intellectuelles.

Mais il va de soi que nombre d'autres paramètres peuvent influencer la trajectoire scolaire des enfants précoces. Le niveau de précocité est bien sûr déterminant ; plus il est élevé, plus le risque de dyssynchronie est important. Nous avons déjà parlé de l'enfant admis précocement en CP avec d'excellentes performances lexiques – il sait déjà lire depuis une ou deux années –, mais il peut souffrir d'une maladresse graphomotrice incompatible avec un apprentissage heureux de l'écriture. Le profil de personnalité est tout aussi déterminant, nous ne réagissons pas tous à l'identique face à l'ennui ou à la frustration. Quelques enfants « bonnes pâtes » s'accommodent des petites adversités et s'enthousiasment du plus petit succès, mais d'autres ne veulent rien affadir de leur ambition. Ceux-là peuvent s'enfoncer dans le ressentiment et bouder tout effort ou même tout projet scolaire.

L'hostilité à l'école est l'un des plus sûrs cheminements qui mènent à l'échec scolaire. Enfin, certains enfants précoces ont une tendance spontanée à la rêverie et à la distractibilité. Cette disposition naturelle qui participe notamment du TDA/H s'amplifie lorsque l'enfant est confronté à un contenu scolaire sans attrait.

La précocité intellectuelle ne saurait définir toute l'individualité. Il est mille façons d'être précoce. Les auteurs qui se sont essayés à esquisser quelques profils de personnalité des enfants précoces ont toujours pris soin, même lorsque leur typologie reposait sur des années d'observation, de les présenter comme des recherches et de préciser qu'aucun enfant ne saurait se résumer à un seul profil. Le modèle de Betts et Neihart[1] est le plus cité, il décrit six profils d'enfants surdoués :

– l'enfant qui réussit : il est adapté et perfectionniste, il se conforme aux exigences de la réussite, sa scolarité est très performante, et il entretient d'excellentes relations sociales ;
– l'enfant provocateur, peu respectueux des règles et de l'autorité, prompt à la frustration et à l'ennui ;
– l'enfant effacé ou timide, qui préfère cacher son talent pour ne pas se singulariser auprès de ses camarades ;
– l'enfant en souffrance, en échec et en rupture avec l'école, le décrocheur ;
– l'enfant dont le surdon est contrarié par un handicap émotionnel ou d'apprentissage, par exemple la dyslexie ;
– l'enfant confiant, heureux de ses succès, de ses projets et de son indépendance.

1. G. Betts et M. Neihart, « Revised Profiles of the Gifted & Talented », 2010.

Chapitre VIII

BIOLOGIE DE LA PRÉCOCITÉ INTELLECTUELLE

L'idée que l'intelligence et plus encore la précocité intellectuelle puissent s'observer anatomiquement peut faire sourire et rappeler les temps naïfs de la phrénologie où l'on décrivait les bosses du crâne et leurs correspondances avec nos « dispositions intellectuelles et morales ». Mais de fait, les nouvelles techniques d'exploration du cerveau permettent de lier certaines observations anatomiques et fonctionnelles avec le développement et l'exercice de l'intelligence.

I. – Anatomie comparée

De l'australopithèque à l'*Homo sapiens*, le volume du cerveau passe de 400 à 1 400 cm^3, et si l'on considère que l'évolution des hominidés s'accompagne d'une élévation de l'intelligence, il serait tentant d'établir un lien entre le volume du cerveau et l'intelligence. Mais les néandertaliens qui ont précédé les *Homo sapiens* possédaient un cerveau plus volumineux que le nôtre, de l'ordre de 1 400 à 1 750 cm^3. La seule mesure du volume cérébral semble donc sans grand intérêt pour décrire une « anatomie de l'intelligence ». Aux XIXe et XXe siècles, on a tenté de déceler les stigmates anatomiques du génie, en autopsiant les cerveaux des grands hommes[1]. Mais là aussi, peu de révélations. Même le cerveau d'Einstein était de taille normale !

La comparaison avec les primates apparaît plus significative. Le cerveau humain se caractérise par la richesse du développement du cortex associatif aux dépens des aires cérébrales sensorimotrices. Autrement dit, notre évolution a privilégié les fonctions cognitives (l'information, le langage, la mémoire...) sur les fonctions motrices et sensorielles. Pour autant, ce qui distingue les humains des autres espèces ne nous éclaire pas nécessairement sur ce qui nous distingue entre humains.

La mesure de l'épaisseur du cortex, la fine fleur de notre cerveau, n'est guère plus pertinente. Si l'on en croit l'étude d'un neurologue britannique[2], qui a étudié des cerveaux victimes d'hydrocéphalie, l'intelligence ne peut se mesurer à l'épaisseur du cortex. Il décrit notamment le parcours brillant d'un étudiant en mathématiques au QI élevé (126) dont le cortex mesurait quelques millimètres d'épaisseur, alors que la norme est proche de 5 cm. Il est vrai que d'autres études concluent à une possible corrélation entre le volume de substance grise et le QI, en particulier pour le cortex préfrontal et pour le gyrus cingulaire antérieur (prise de décision, recherche de récompense, de partage et d'émotions).

1. Lire M. Hagner, *Des cerveaux de génie. Une histoire de la recherche sur les cerveaux d'élite*, trad. O. Mannoni, Paris, Maison des sciences de l'homme, « Bibliothèque allemande », 2008.

2. R. Lewin, « Is Your Brain Really Necessary ? » *Science*, n° 210 (1980), p. 1232-1234.

II. – Développement cérébral

Une étude[1] associant imagerie cérébrale (IRM) et test de QI précise l'importance de l'âge dans la maturation cérébrale. Cette étude porte sur 300 enfants, distingués en deux groupes selon leur QI. Pour un premier groupe d'enfants disposant d'un QI moyen de 100, le cortex atteint son épaisseur maximale vers l'âge de 7 ans et, pour le second dont le QI moyen s'élève à 120, l'épaisseur maximale du cortex n'est atteinte que vers l'âge de 11 ans. Pour les deux groupes d'enfants, le cortex atteint une taille identique à l'âge de 18 ans. La conclusion (provisoire) de cette étude ? La lenteur du développement du cortex est un bon indice de la précocité intellectuelle !

Précisons que, de toutes les aires cérébrales qui participent de l'exercice de l'intelligence, le cortex préfrontal reste la clé de voûte du développement cognitif, notamment pour la pensée abstraite, l'attention, la mémoire, la planification, l'anticipation, l'inhibition et tous les liens qui unissent la cognition et les émotions. L'imagerie cérébrale montre une maturation anatomique et fonctionnelle plus lente du cortex préfrontal, en comparaison des autres aires cérébrales, montrant ainsi qu'il faut du temps pour accéder à la pensée logique. Ces données sont précisées par la théorie dite de l'intégration pariéto-frontale de

1. P. Shaw, « Intellectual Ability and Cortical Development in Children and Adolescents », *Nature*, n° 440 (2006), p. 676-679.

l'intelligence[1] et qui apparaît aujourd'hui validée par une méta-analyse de 37 études de neuro-imagerie. Pour simplifier, les auteurs concluent à une répartition dispersée des zones d'activation de l'intelligence, mais préférentiellement dans les aires du langage, les régions frontales et pariétales.

III. – « Économie d'énergie »

L'anatomie n'explique donc pas tout. Il est d'autres paramètres. Par exemple, la consommation en glucose des neurones – mesurée à l'aide de la TEP[2] – notamment lors d'activités impliquant les raisonnements abstraits. Cette consommation de glucose diminue chez les hauts potentiels et augmente chez les personnes à faible QI, en comparaison d'un groupe témoin de QI moyen. Ce qui suggère une économie énergétique des cerveaux à hautes potentialités et... contredit l'idée selon laquelle les cancres ne se fatiguent pas beaucoup. L'imagerie médicale semble autoriser une explication. Pour un même exercice, les enfants surdoués utilisent un réseau de connexions cérébrales plus court, plus rapide et plus efficace et donc moins consommateur d'énergie, ce que confirme la mesure

1. R.E. Jung et R.J. Haier, « The Parieto-Frontal Integration Theory (P-FIT) of Intelligence : Converging Neuroimaging Evidence », *Behavioural Brain Research*, vol. 30, n° 2 (2007), p. 135-154.

2. La TEP en français (tomoscintigraphie par émission de positons) ou PET Scan en anglais (*positron emission tomography*) est une méthode d'imagerie médicale qui mesure l'activité métabolique ou moléculaire d'un organe à l'aide d'un produit radioactif injecté.

des potentiels évoqués (un potentiel évoqué se définit comme la modification de l'activité électrique du cerveau en réponse à une stimulation extérieure qu'elle soit visuelle, auditive, sensitive ou motrice) : la vitesse de transmission de l'influx nerveux dans le cortex cérébral est plus élevée chez les surdoués. C'est ainsi, précisément, que l'on décrit l'enfant surdoué à l'école, il s'affranchit d'étapes laborieuses pour offrir plus vite une solution elliptique.

IV. – Latéralité hémisphérique

Les hémisphères cérébraux ne sont pas identiques, ils ne sont pas en miroir l'un de l'autre. Ils révèlent une différenciation anatomique, par exemple le lobe frontal droit est souvent plus large que le lobe frontal gauche. Ils possèdent aussi une spécialisation fonctionnelle, l'hémisphère gauche reconnaît et analyse les lettres, les mots et les chiffres écrits. L'hémisphère droit préfère les images aux mots et l'émotion à la rationalité. L'étude de personnes atteintes de lésions cérébrales permet de relever d'autres fonctionnalités distinguant les deux hémisphères. L'hémisphère droit favorise l'apprentissage et l'acquisition, tandis que l'hémisphère gauche est plutôt le gardien des activités de routine. Chaque hémisphère possède donc sa spécificité, mais diverses hypothèses ou observations suggèrent que les surdoués disposent de particularités dans cette spécialisation.

L'une des théories les plus en vogue actuellement repose sur l'hypothèse d'une production excessive de testostérone *in utero*, ce qui pourrait inhiber certaines aires cérébrales et en stimuler d'autres, le tout provoquant une fonctionnalité cérébrale atypique, notamment par des échanges interhémisphériques plus rapides et mieux partagés. Comme d'autres études ont montré que l'hémisphère droit des surdoués offre des capacités proches de celles de l'hémisphère gauche, on a retenu que les enfants intellectuellement précoces pourraient disposer de deux hémisphères dévolus à la rationalité, au langage, au calcul, à la pensée analytique, tandis que le commun des « cérébrés » n'en possède qu'un. De nombreuses études par résonance magnétique fonctionnelle (IRM*f*) ont confirmé que les enfants de haute potentialité – par exemple ceux qui disposent d'un don en mathématiques – apportent une réponse cérébrale à la stimulation plus volontiers bilatérale, en comparaison de sujets témoins. Ce surcroît d'interconnectivité entre les deux hémisphères permettrait d'optimiser les performances.

Pour ma part, j'ajouterais volontiers une autre hypothèse concernant la curiosité intellectuelle, si caractéristique des enfants surdoués. Si l'on considère que les deux hémisphères des surdoués sont indifférenciés, et donc disposent chacun de toutes les qualités en doublon, on peut supposer que les registres de l'abstraction et de l'émotion sont indissociés ; ils donnent alors, à toute approche de la connaissance, une grande amplitude émotionnelle. Les autres élèves disposent d'un autre don : leur asymétrie hémisphérique fonctionnelle leur permet sans le moindre risque d'erreur de distinguer et même d'opposer le travail scolaire (hémisphère gauche) et la récréation (hémisphère droit).

V. – **Rythme cérébral**

L'électroencéphalographie enregistre l'activité électrique du cerveau par des électrodes placées sur le cuir chevelu. Cet examen indolore est connu depuis près d'un siècle, il mesure le rythme cérébral selon cinq rythmes. Celui qui nous intéresse ici et qui montre quelques spécificités chez l'enfant précoce est le rythme alpha. Il correspond à un état de conscience éveillé et apaisé, avec les yeux fermés. Le rythme alpha se caractérise par une fréquence chez l'adulte de l'ordre de 8 à 12 hertz (un hertz correspond à une oscillation par seconde) et de 8 à 9 hertz pour un enfant âgé de 7 ans. De nombreuses études, et notamment celle de Alexander[1], qui a comparé trois groupes, un premier groupe d'enfants précoces, un deuxième d'enfants témoins et un troisième de jeunes adultes, montrent que les tracés électroencéphalographiques des enfants précoces sont plus proches de ceux des adultes que des autres enfants. Ces résultats témoignent de la possibilité d'une avance de la maturation physiologique cérébrale des enfants précoces. L'électroencéphalographie montre aussi que les enfants précoces impliquent moins d'aires cérébrales pour une même activité intellectuelle, ce qui confirme les observations de l'imagerie médicale.

1. J.E. Alexander, « Developmentally Advanced EEG Alpha Power in Gifted Male and Female Adolescents », *International Journal of Psychophysiology*, vol. 23, n°s 1-2 (1996), p. 25-31.

Chapitre IX

ADAPTATIONS PÉDAGOGIQUES

Les enfants intellectuellement précoces peuvent connaître l'échec scolaire ou une forme atténuée que l'on nomme la « sous-réalisation » et qui peut se définir comme un contraste important entre un haut potentiel intellectuel révélé notamment par les tests d'intelligence et la performance scolaire réelle. Dans les précédents chapitres, j'ai recensé les causes possibles de l'échec scolaire des surdoués (désintérêt, dyssynchronies, effet Pygmalion négatif...), les pages qui suivent déclinent quelques propositions pour tenter d'y porter remède.

I. – Réticences idéologiques et libertés pédagogiques

Les fictions pédagogiques de la réussite par le mérite – terme confus qui désigne autant l'effort que le talent – viennent souvent obscurcir la compréhension de la précocité intellectuelle. Le concept même de précocité intellectuelle invite – sous une forme le plus souvent subreptice – à la suspicion. Beaucoup s'interrogent, par exemple, sur la validité des tests d'intelligence (« On leur fait dire ce que l'on veut ») ou ironisent sur les effets de mode (« Aujourd'hui, tous les enfants sont hyperactifs ou surdoués »).

En France, le risque d'échec scolaire des surdoués est parfois présenté comme une mystification de nantis destinée à émouvoir les autorités académiques. Il est encore des voix[1] pour dénoncer le lobbying des associations de parents en faveur des enfants intellectuellement précoces. Ils offrent ainsi quelque justification à l'inertie de l'action publique, dont finalement les enfants intellectuellement précoces des banlieues les plus déshéritées pâtissent le plus, pendant que les enfants précoces des beaux quartiers bénéficient de l'effet compensateur de l'entre-soi scolaire et de l'entregent familial.

De nombreux pays mettent en œuvre une politique éducative active en faveur des enfants intellectuellement précoces, soit parce qu'ils les considèrent comme une « richesse nationale » qu'il convient de faire prospérer dans l'intérêt du pays, soit parce qu'il leur importe d'aider les enfants précoces fragilisés par leur origine sociale. Ainsi, aux États-Unis, Paula Olszewski-Kubilius[2], professeur de psychologie, développe un programme pour aider les enfants précoces des minorités et permettre de réduire « l'écart d'identification et d'accès aux programmes pour enfants doués » entre les

1. W. Lignier, *La Petite Noblesse de l'intelligence*, Paris, La Découverte, 2012. On peut y lire notamment que les parents « parviennent très souvent à obtenir des enseignants ces petits privilèges qu'ils estiment dus à l'intelligence ».

2. P. Olszewski-Kubilius *et alii*, « Addressing the Achievement Gap Between Minority and Nonminority Children by Increasing Access to Gifted Programs », *Journal for the Education of the Gifted*, vol. 28, n° 2 (2004), p. 127-158.

différentes classes sociales et ethniques *(minority and nonminority children)*.

Le risque d'échec scolaire pourrait concerner un tiers des enfants intellectuellement précoces. Mais si l'on considère qu'il existe des biais de recrutement (les enfants qui consultent les psychologues ou les psychiatres ne sont pas représentatifs) ou de diagnostic (les enfants précoces peuvent présenter d'autres troubles), l'incidence pourrait être moindre. Les raisons de ces échecs scolaires sont, il est vrai, complexes. Ce sont notamment les dyssynchronies et l'effet Pygmalion négatif décrits par Jean-Charles Terrassier, et ce qui les accompagne, le retrait, l'ennui et la démotivation.

Dans ses principes, l'Éducation nationale n'est pas indifférente au sort des enfants précoces. Divers documents officiels publiés par l'Éducation nationale plaident en ce sens, dont le célèbre rapport Delaubier[1]. Ils ont en commun de ne rien imposer, les établissements peuvent agir comme bon leur semble dans tous les domaines (dépistage des enfants, formation des enseignants, parcours pédagogiques…). Liberté leur est laissée et liberté est prise. De ce fait, la France marque le pas dans ce domaine.

II. – **Programmes pédagogiques**

La mise en œuvre de programmes pédagogiques spécifiques pour les enfants précoces est restée en France

1. À lire sur Internet : J.-P. Delaubier, *La Scolarisation des enfants précoces*, 2002.

à un stade expérimental et ne concerne que de rares établissements. Mais ces programmes existent, et s'ils improvisent encore leur méthodologie ou tardent à se soumettre à des évaluations, ils ont bien clarifié leurs objectifs. Tour d'horizon :

1. *L'enrichissement.* C'est un enseignement complémentaire hors programme proposé aux enfants intellectuellement précoces. Il ne s'agit pas de classes spéciales, mais d'heures hors cours qui s'ajoutent à l'enseignement de base. Il s'agit moins de prendre de l'avance sur le programme que de s'ouvrir à de nouvelles idées (par exemple, à l'histoire des mathématiques), à de nouveaux concepts (la philosophie peut être enseignée dès le plus jeune âge), à exercer son sens critique (notamment envers des articles de presse). La méthode pédagogique importe autant que le contenu, les enfants précoces apprécient souvent la libre parole et les échanges participatifs, notamment sous la forme d'exposés ou de débats. D'autant que leurs centres d'intérêt sont sans limites (l'astronomie, l'évolution des espèces, l'origine de l'univers, la géologie, la biologie...). L'enseignement peut aussi laisser libre cours à l'humour et à la créativité. Ainsi, Jean-Charles Terrassier propose le « jeu des conséquences », sous forme de questions d'apparence saugrenues. Que se passerait-il si la mer couvrait toute la surface de la Terre ? si les enfants savaient tout dès la naissance ? si les hommes ne mouraient jamais ? D'autres supports sont à explorer, par exemple le théâtre ou le journalisme (journal de l'école). L'évaluation de ces programmes

d'enrichissement est difficile, car ils n'obéissent que rarement à des protocoles de recherche ou à des méthodologies comparatives. Il est parfois noté que ces programmes donnent un peu trop de place à la fantaisie et aux jeux. Pour autant, le temps consacré à l'enrichissement ne semble jamais compromettre le niveau des performances scolaires.

2. *L'accélération.* Le contenu du programme est inchangé, mais le rythme d'acquisition est accéléré. Ce qui n'est pas pour déplaire aux enfants précoces qui se plaignent souvent de la lenteur des cours et de l'ennui que cette lenteur provoque. Le principe est simple : on boucle en deux années un programme prévu pour trois années. Il peut s'agir de classes particulières ou de classes à double niveau. Les évaluations qui comparent les progressions lentes et rapides montrent *in fine* un niveau identique, mais observent aussi que la motivation et le plaisir d'apprendre dans les classes rapides sont plus élevés. Le gain de temps se maintient au long cours. Une étude américaine (Study of Mathematically Precocious Youth), engagée en 1971 à l'université Johns-Hopkins de l'État d'Iowa, a confirmé que l'avance prise à l'école se maintient à l'université, avec des performances identiques à celles d'étudiants plus âgés.

3. *Le saut de classe.* C'est une variante individualisée et improvisée de l'accélération. Le saut de classe s'accompagne d'un petit risque de lacunes dans l'acquisition des connaissances, mais il est rare que cela porte réellement à conséquence. Bien que la précocité

intellectuelle apparaisse aujourd'hui mieux « diagnostiquée », l'usage en France du saut de classe a paradoxalement diminué. Dans les années 1960, l'entrée précoce au CP était une stratégie préventive d'atténuation des risques de redoublement que subissaient alors plus de 30 % des enfants, indistinctement d'ailleurs de l'âge d'entrée au CP. Les évaluations du saut de classe montrent que les élèves pour lesquels ce saut était justifié gardent le plus souvent leur excellence scolaire pendant toute leur scolarité.

4. *Les classes de niveau.* Les classes de niveau signifient que pour une même classe – par exemple la quatrième – on crée une quatrième forte avec les bons élèves et une quatrième faible avec les moins bons, afin de constituer des classes de niveau homogène. En principe, dans les écoles françaises, la répartition des élèves par classe est aléatoire. Mais ce principe est rarement appliqué à la lettre, et les parents peuvent le découvrir ou le deviner à la rentrée, sans qu'on le leur ait annoncé. Comme la répartition par niveau n'est que peu compatible avec les règles d'équité, il n'est pas rare que les enseignants le nient ou l'avouent à demi-mot. Ces classes de niveau réparties en catimini ne concernent pas spécifiquement les surdoués, mais distinguent seulement les bons élèves des moins bons. Et comme il n'est pas exclu qu'un enfant précoce ait des résultats scolaires moyens, la répartition par niveau scolaire peut inverser la donne et donc aggraver le sort des enfants précoces non identifiés. Comme ni la *vox populi* ni la *vox académie* n'approuvent les classes de niveau, le fait

reste confidentiel dans l'enseignement public. Dans les années 1980, l'école publique de Las Planas, à Nice, avait ouvert une classe pour enfants surdoués. Mais cette expérience a été interrompue au prétexte de la mise en place de « cycles pédagogiques ». Quelques collèges et lycées publics et privés maintiennent des classes de niveau et autres adaptations pour enfants précoces, mais ces initiatives isolées n'ont que peu fait l'objet d'évaluations[1].

Aux États-Unis, une méta-analyse portant sur 51 études[2] comparant les performances scolaires des enfants selon leur répartition – aléatoire ou par niveau – ne montre pas de réelle différence pour les enfants précoces comme pour les non-précoces. Les résultats apparaissent également assez modestes pour ce que l'on appelle les *regroupements interclasses* (pour une matière donnée, les enfants sont regroupés par niveau, indépendamment de leur classe d'origine) ou les *regroupements intraclasse* (pour une matière donnée, plusieurs groupes de niveau sont créés au sein d'une même classe).

1. Lire C. Dugruelle et P. Le Guillou, *Bilan des expériences pédagogiques dans le second degré sur la scolarisation des élèves intellectuellement précoces. Rapport à monsieur le ministre de l'Éducation nationale* [2003], <http://media.education.gouv.fr/file/00/9/6009.pdf>. Dans leurs conclusions, les inspecteurs de l'Éducation nationale « pointent le risque de dérive psychologisante » et écrivent, outrés, que « l'on nous a même cité des courriers de médecins s'aventurant dans le domaine pédagogique pour recommander par exemple un saut de classe »…

2. J.A. et C.-L.C. Kulik, « Meta-Analytic Findings on Grouping Programs », *Gifted Child Quarterly*, vol. 36, n° 2 (1992), p. 73-77.

En conclusion provisoire et en l'état actuel des recherches sur ces programmes d'adaptation pédagogique, quelques points sont à observer :

1. pour la majorité des enfants intellectuellement précoces, les mesures pédagogiques différentiées ne modifient pas grandement les performances scolaires ;
2. pour une minorité de ces enfants, toutefois, les plus fragiles émotionnellement et les plus vulnérables socialement, l'absence d'une offre pédagogique adaptée représente un obstacle à l'épanouissement et à la réussite scolaire ;
3. l'accélération de la scolarité ne diminue pas le niveau des performances scolaires : l'avance acquise par l'enfant précoce se maintient au long cours, de l'école à l'université ;
4. les programmes scolaires enrichis ou accélérés sont pour la majorité des enfants précoces une bonne réponse à leur goût du partage et de l'acquisition des connaissances ;
5. les groupes et classes de niveau qui hiérarchisent les qualités scolaires des élèves ne semblent pas affecter, pour les enfants précoces comme pour les autres enfants, le développement de la personnalité ou l'estime de soi ; les enfants se comparant spontanément aux seuls élèves de leur groupe.

Chapitre X

AUX CONFINS DE LA PRÉCOCITÉ INTELLECTUELLE

Au chapitre sur les théories de l'intelligence sont présentés deux conceptions, l'une qui considère l'intelligence comme un ensemble homogène et une autre qui souligne les distorsions de performance, en opposant par exemple les scientifiques aux littéraires. En simplifiant quelque peu, les enfants précoces pourraient illustrer la première théorie, ces enfants sont souvent « doués pour tout », alors que les enfants prodiges, les génies et autres virtuoses dont l'excellence semble plus ciblée, donnent plus d'arguments à la seconde.

I. – Mozart, la mémoire auditive d'un enfant prodige

Mozart présentait quelques dispositions pour les mathématiques, les langues étrangères et l'humour. Mais aucun de ces dons n'égalait son génie musical.

Très cher papa,
Je ne sais pas écrire en poète ; je ne suis pas écrivain. Je ne sais pas répartir les expressions assez artistement pour qu'elles donnent ombre et lumière, je ne suis pas peintre. Je ne puis pas même exprimer par signes et pantomime mes sentiments des

choses et mes idées, je ne suis point danseur. Mais je sais le faire par des sons, je suis un musicien[1].

Et un musicien prodige : il joue du piano dès l'âge de 3 ans, du violon à 4 et commence à composer à 5. À l'âge de 10 ans, il est considéré à l'égal des compositeurs de son temps. À 12 ans, il termine son premier opéra. Une anecdote mérite d'être rapportée. Le 11 avril 1770, Mozart, alors âgé de 14 ans, et son père assistent à une représentation du *Miserere* (composé en 1638 par Gregorio Allegri). C'est une œuvre chantée *a cappella* à la chapelle Sixtine et en présence du pape les seuls mercredi et vendredi de la Semaine sainte. Il était interdit, sous peine d'excommunication, de jouer le *Miserere* en tout autre lieu, et la partition était tenue secrète. Mais après deux auditions, Mozart le retranscrit dans son intégralité. Il fut accusé d'avoir volé la partition, car retenir d'oreille et de mémoire cette œuvre paraissait impossible. Comme pour la précocité ordinaire, le génie aime à s'exalter : « C'est ma seule passion et ma seule joie. » Et même lorsque, l'âge venant, il essuya des revers de fortune et de santé, sa créativité ne faiblit pas : « Je continue à composer parce que cela me fatigue moins que de me reposer. »

II. – Gustave Doré, la mémoire visuelle d'un enfant prodige

Il faut rapprocher la phénoménale mémoire auditive de Mozart de la non moins surprenante mémoire visuelle

1. W.A. Mozart, *Lettres des jours ordinaires (1756-1791)*, éd. A. Paradis, trad. B. Lortholary, Paris, Fayard, 2005.

de grands artistes, tel Gustave Doré qui rêvait d'être un grand peintre, mais qui se « contenta » de la carrière du plus célèbre illustrateur du XIXe siècle. À 8 ans, le jeune prodige Gustave illustre de grands classiques de la littérature et, à 15 ans, il devient le caricaturiste de plusieurs journaux. Son œuvre est immense : 10 000 gravures, et presque autant d'aquarelles, de sculptures ou de peintures. Il était capable, par exemple, de dessiner *de mémoire* une cathédrale dans ses moindres détails. En 1869, un écrivain britannique, Jerrold Blanchard, qui, souffrant de troubles visuels, avait dû renoncer à une carrière de peintre, proposa à Gustave Doré de s'installer à Londres pour collaborer à un livre-portrait de la capitale. C'est le *London, a Pilgrimage (Londres, un pèlerinage)*. Pour ce livre, qui connut un immense succès, Doré réalisa 180 gravures. Lors de leurs expéditions en ville, et souvent dans les bas-fonds de Londres, Jerrold s'étonne du dilettantisme apparent de son compagnon qui ne prend souvent aucun croquis. « J'ai du collodion plein la tête », lui précise Gustave Doré pour le rassurer. (Le collodion était un composé liquide utilisé sur les plaques photographiques.) Et le soir, fort de sa mémoire photographique, Gustave Doré couchait sur le papier ou gravait directement sur le buis les souvenirs visuels de sa journée.

III. – **Les joueurs d'échecs à l'aveugle**

Alfred Binet n'est pas seulement le pionnier des tests d'intelligence, il est aussi l'auteur de nombreux livres de psychologie, dont un ouvrage, en 1894, intitulé *Psychologie des grands calculateurs et des joueurs d'échecs*[1]. Binet a étudié en particulier le jeu d'échecs à l'aveugle[2], dit aussi le jeu d'échecs sans voir. Quelques joueurs d'exception peuvent mener à l'aveugle jusqu'à 12 parties de front – si l'on ose dire, puisqu'ils sont dos à leur adversaire. On leur indique oralement tous les déplacements de toutes les pièces, et ils font de même. En passant d'un joueur à l'autre, ils déploient l'échiquier correspondant comme on ouvre ou ferme un tiroir. Binet rapporte ce témoignage d'un joueur :

> Quand je suis les yeux contre le mur, je vois simultanément tout l'échiquier et toutes les pièces telles qu'elles étaient au dernier coup joué. Et au fur et à mesure qu'on déplace une pièce, l'échiquier m'apparaît en entier avec ce nouveau changement.

D'autres joueurs à l'aveugle peuvent jouer toute une partie en se promenant dans la rue sans autre échiquier que celui de leur représentation visuelle. Initialement, Alfred Binet parle de mémoire visuelle géométrique, mais d'autres joueurs affirment jouer sans aucun « miroir intérieur » et uniquement par le raisonnement et le calcul : il évoque alors la possibilité d'une mémoire visuelle abstraite.

IV. – Les calculateurs prodiges

Les calculateurs prodiges témoignent de leur capacité à écrire mentalement leurs calculs, comme un

1. Paris, Hachette, 1894.
2. Cette pratique n'est pas seulement un exploit, elle est aussi une nécessité pour les aveugles ; plus d'informations sur le site de l'Association échiquéenne pour les aveugles (AEPA, www.aepa64.asso.fr).

élève le ferait avec une craie sur un tableau. Gauss et Ampère, dès l'âge de 3 et 4 ans, s'amusaient à des jeux de calcul. C'est Gauss aussi qui, en quelques secondes, parvint à additionner tous les nombres de 1 à 100 sur ordre de son instituteur pendant que ses camarades y avaient consacré toute une heure[1]. Le célèbre mathématicien Henri Poincaré[2] préfère aussi les calculs de tête au papier, même s'il s'agit d'opérations complexes. Il témoigne d'étranges correspondances, qu'il nomme l'audition colorée : l'écoute de chaque lettre de l'alphabet éveille irrésistiblement une image de couleur. Mais la majorité des calculateurs prodiges ne sont prodiges que dans leur seul domaine. Les plus célèbres présentent souvent une déficience intellectuelle. Ainsi, Zacharias Dase, le célèbre calculateur allemand du XIXe siècle, ne comprend rien aux mathématiques, mais il sait multiplier de tête et en quelques minutes deux nombres de 20 chiffres. À la même époque, Jacques Inaudi, un berger de Tarbes qui ne sait ni lire ni écrire, parvient à extraire des racines carrées d'un nombre de quatre chiffres en quelques secondes. Véritable phénomène de foire, il se donne en représentation de ville en ville.

1. Gauss a procédé ainsi : il a constaté que les nombres s'additionnaient deux par deux pour donner toujours la même réponse : 100 + 1 = 101 ; 99 + 2 = 101 et ainsi de suite pour cinquante paires, réalisant donc un total de 50 × 101 = 5050.

2. Lire É. Toulouse, *Enquête médico-psychologique sur les rapports de la supériorité intellectuelle avec la névropathie*, Paris, Société d'éditions scientifiques, 1896.

V. – **Les calculateurs de calendrier**

Les calculateurs de calendrier ne sont pas moins surprenants. Il faudrait probablement dire les virtuoses du calendrier, car ils peuvent, sans réel calcul, donner en quelques secondes le jour correspondant à n'importe quelle date passée ou à venir du calendrier. Le 18 janvier 1986 ? La réponse fuse en quelques secondes : c'est un samedi ! Le 16 juillet 1987 ? C'est un jeudi ! Cette aptitude se manifeste souvent précocement, vers l'âge de 7 à 8 ans, les réponses sont presque immédiates, ce qui exclut un authentique calcul. Le plus souvent, hors de leur virtuosité pour le calendrier, ils savent à peine lire ou compter et ne parviennent que rarement à atteindre un niveau scolaire primaire. Il faut probablement un esprit assez simple pour mémoriser des dizaines de milliers de dates, s'y adonner à plein temps et y prendre plaisir. À ce jour, il n'est pas d'autre explication plausible à cette hypermnésie sélective.

Ces calculateurs de calendriers sont probablement à rapprocher de ce que l'on nomme aujourd'hui le « syndrome savant » et que l'on désignait au XIXe siècle sous le terme moins flatteur, mais plus explicite, d'« idiot savant », et qui correspond à une « île de génie » associée à un fonctionnement psychique soit déficient, soit autistique. Ce syndrome correspond à une mémoire prodigieuse, mais limitée le plus souvent à un seul domaine, par exemple la musique, le calcul mental ou l'apprentissage d'une langue étrangère.

Conclusion

PETITS ET MAUVAIS GÉNIES

Il subsiste en France une définition méfiante et restrictive de la précocité intellectuelle. Cette réticence tient à plusieurs ordres de faits, et notamment à une crainte à l'égard des tests d'intelligence, dont beaucoup jugent l'usage immodéré et arbitraire. Il faut cependant rappeler que, parfois, seuls les bilans psychologiques révèlent un surdon insoupçonné chez des enfants en échec scolaire et les sauvent ainsi d'une orientation contrainte. D'autres s'inquiètent aussi que l'on divise ainsi les enfants en deux catégories, les petits génies, que les tests révèlent, et les autres. Cette critique n'est pas sans quelque légitimité, et nous avons peut-être encore des progrès à accomplir.

Aux États-Unis, par exemple, on distingue les *gifted* – l'équivalent de nos « surdoués », c'est-à-dire les enfants disposant d'un haut potentiel dans les matières scolaires – et les *talented*[1], ceux qui se passionnent pour les matières artistiques, tels le dessin ou la musique. La National Association for Gifted Children (NAGC) propose six critères pour définir les enfants surdoués :

1. Plusieurs dizaines de milliers d'étudiants participent chaque année à l'un des programmes du Center for Talented Youth (CTY) de l'université Johns-Hopkins de l'État de l'Iowa.

capacités intellectuelles élevées, aptitudes scolaires spécifiques, talent artistique, pensée créative, tempérament de leader ou habileté psychomotrice. Cette association américaine met en avant la précocité, mais insiste aussi sur la créativité et l'originalité. Il nous semble que sur cette acception ouverte la France pourrait trouver à s'apaiser et à rompre avec ses obsessions méritocratiques et ses pesanteurs égalitaristes.

La grande majorité des enfants intellectuellement précoces se jouent de leurs dyssynchronies et autres petits pièges, et s'ils éprouvent quelque ennui à l'école, ils se consolent aisément avec mille bonheurs. Au premier rang, il faut citer la curiosité ou la passion intellectuelle que d'aucuns, en référence à Freud, appellent la pulsion épistémologique ou épistémophilique. Ils affirment que cette pulsion est sublimée et qu'elle serait un détournement de la pulsion sexuelle. Nous ne soutenons pas cette théorie, mais, dans tout ouvrage de psychologie, il est d'usage de citer Freud au moins une fois.

Plus que d'autres, les enfants précoces connaissent la passion intellectuelle : elle se double de sensibilité et d'émotion ainsi que du plaisir virtuose de l'abstraction, de l'intuition et de l'argumentation. Elle est souvent servie par une mémoire hors du commun. Leur curiosité est insatiable, mais elle amuse et intrigue les adultes plus qu'elle ne les agace ou ne les dérange. Pourquoi fait-il de plus en plus froid en altitude alors que l'on se rapproche du soleil ? Pourquoi ne parvient-on à résoudre le dilemme de l'œuf et de la poule ? Et cette affaire de l'œuf et de la poule, s'interrogent-ils plus tard, est-ce un dilemme, un paradoxe ou une métaphore ?

La précocité intellectuelle est un don de la nature que le hasard seul semble distribuer. Mais dans ce domaine comme dans d'autres, les humains entendent gouverner la nature. C'est l'ambition du Beijing Genomics Institute. Le séquençage de l'ADN à la recherche de gènes favorisant l'intelligence a commencé, et les moyens mis en œuvre par les chercheurs chinois sont immenses. Si ces recherches devaient aboutir, si ces gènes devaient être identifiés, rien n'interdirait de sélectionner les gamètes porteurs de bons gènes. Ainsi, le « rêve » d'une amélioration de l'espèce humaine pourrait se réaliser et les mauvais génies de l'eugénisme se réveiller. La charte des droits fondamentaux de l'Union européenne interdit « les pratiques eugéniques, notamment celles qui ont pour but la sélection des personnes », et le Code pénal français prévoit des peines très lourdes pour leur mise en œuvre (trente ans de réclusion criminelle). Rien de tel en Chine où l'ambition d'une élévation du QI de la population est affirmée comme l'un des objectifs du Beijing Genomics Institute. Que de dilemmes en perspective. Les comités de bioéthique sont promis à un bel avenir !

BIBLIOGRAPHIE

LES LIVRES PIONNIERS

Chauvin R., *Les Surdoués*, Paris, Stock, 1975.

De Ajuriaguerra J., *Manuel de psychiatrie de l'enfant*, Paris, Masson, 1959.

De Craecker R., *Les Enfants intellectuellement doués*, Paris, Puf, 1951.

Terrassier J.-Ch., *Les Enfants surdoués ou la Précocité embarrassante*, Issy-les-Moulineaux, ESF, 1981 ; 10e éd. actualisée en 2014.

AUTRES LIVRES

Adda A., *Le Livre de l'enfant doué*, Paris, Solar, 2008.

Coriat A., *Les Enfants surdoués*, Montrouge, Le Centurion, 1987.

Côte S. et Kiss L., *L'Épanouissement de l'enfant doué*, Paris, Albin Michel, 2009.

Duyme M., Grubar J.-C. et Côte S., *La Précocité intellectuelle. De la mythologie à la génétique*, Bruxelles, Mardaga, 1999.

Gauvrit N., *Les Surdoués ordinaires*, Paris, Puf, 2014.

Giordan A. et Binda M., *Comment accompagner les enfants intellectuellement précoces*, Paris, Delagrave, 2006.

Houdé O., *Le Raisonnement*, Paris, Puf, « Que sais-je ? », 2014.

Kieboom T., *Accompagner l'enfant surdoué*, Bruxelles, De Boeck, 2011.

Louis J.-M. et Ramond F., *Scolariser l'élève intellectuellement précoce*, Paris, Dunod, 2013.

Lubart T., *Enfants exceptionnels. Précocité intellectuelle, haut potentiel et talent*, Levallois-Perret, Bréal, 2006.

Madelin-Mitjavile C. et Wahl G., *Comprendre et prévenir les échecs scolaires*, Paris, Odile Jacob, 2007.

Piaget J., *La Psychologie de l'intelligence*, Paris, Armand Colin, 2012.

Planche P., *Les Enfants à haut potentiel. Caractéristiques cognitives et développementales*, Boulogne-Billancourt, Tikinagan, 2008.

Siaud-Facchin J., *L'Enfant doué. L'aider à grandir, l'aider à réussir*, Paris, Odile Jacob, 2012.

Terrassier J.-C. et Gouillou P., *Guide pratique de l'enfant surdoué*, Issy-les-Moulineaux, ESF, 2004.

Tordjman S., *Aider les enfants à haut potentiel*, Rennes, Pur, 2010.

Turon-Lagot É., *WISC-IV. Une mesure des manifestations de l'intelligence chez l'enfant*, Paris, Turon-Lagot, 2012.
Winner E., *Surdoués. Mythes et réalités*, Paris, Aubier, 1997.

UNE REVUE FRANÇAISE

Voir la revue *Approche neuropsychologique des apprentissages chez l'enfant (ANAE)*, Paris, www.anae-revue.com :
« Les élèves dits à "haut potentiel" », *ANAE*, n° 122 (avril 2013).
« Haut potentiel des enfants : force ou faiblesse », *ANAE*, n° 119 (octobre 2012).
« Précocité et difficultés scolaires », *ANAE*, n° 92 (février 2007).
« L'enfant intellectuellement précoce », *ANAE*, n° 81 (2005).
« Actualité de l'enfant précoce », *ANAE*, n° 73 (novembre 2003).
« L'enfant surdoué : détection et prise en charge », *ANAE*, n° 67 (juin 2002).

REVUES EN ANGLAIS

Gifted Child Quarterly, gcq.sagepub.com.
Gifted Education International, gei.sagepub.com.
Journal for the Education of the Gifted, jeg.sagepub.com.
Journal High Ability Studies, www.echa.info/index.php.
Roeper Review, www.roeper.org.

DOCUMENTATION

Lautrey J. (dir.), « L'état de la recherche sur les enfants dits "surdoués" », CNRS UMR 8605 et université Paris-V : themamaternelle.free.fr/recherche_fondation_france.pdf.
garsep@ac-toulouse.fr.
www.adulte-surdoue.org.
www.douance.org.
www.eurotalent.org.

ASSOCIATIONS

ANPEIP, Association nationale pour les enfants intellectuellement précoces, www.anpeip.org.
AFEP, Association française pour les enfants précoces, www.afep.asso.fr.
AEP 95, Association pour enfants précoces en France du Val-d'Oise, www.aep95.
AEHPI, Association pour l'épanouissement des enfants à haut potentiel, www.ae-hpi.org.
ALREP, Association nationale et internationale de loisirs, de rencontres et d'éducation pour les enfants et adolescents précoces, www.alrep.org.

GAPPESM, Groupement d'aide et de protection des personnes encombrées de surefficience mentale, gappesm.net.

SOCIÉTÉS À RECRUTEMENT SÉLECTIF PAR LE QI

www.gliasociety.org.
www.intertel-iq.org.
www.mensa.org.
www.toponesociety.com.
www.triplenine.org.

TABLE DES MATIÈRES